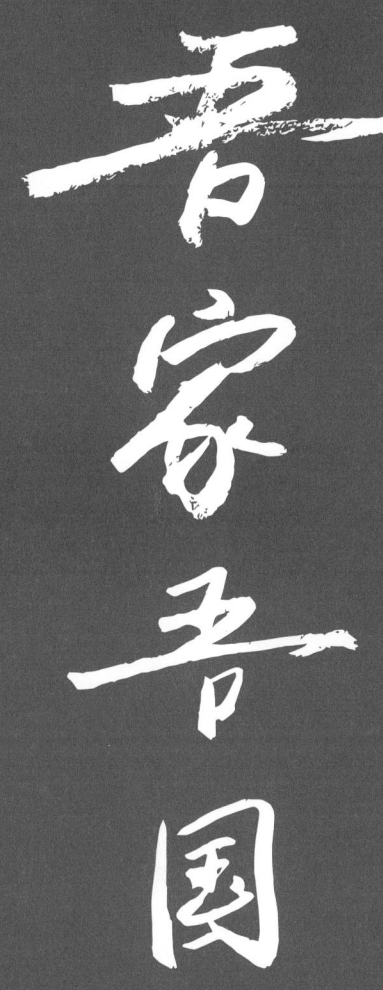

中央广播电视总台 / 出品
杨华 黄瑞刚 窦小文 / 主编
王宁 / 编著

中信出版集团 | 北京

图书在版编目（CIP）数据

吾家吾国 / 王宁编著. -- 北京：中信出版社，2024.6
ISBN 978-7-5217-5180-2

Ⅰ.①吾… Ⅱ.①王… Ⅲ.①人物－列传－中国－现代 Ⅳ.①K820.7

中国国家版本馆CIP数据核字（2024）第092166号

吾家吾国
编著：王宁
出版发行：中信出版集团股份有限公司
（北京市朝阳区东三环北路27号嘉铭中心　邮编　100020）
承印者：北京启航东方印刷有限公司

开本：787mm×1092mm 1/16	印张：19.5	字数：193千字
版次：2024年6月第1版	印次：2024年6月第1次印刷	

书号：ISBN 978-7-5217-5180-2
定价：75.00元

版权所有·侵权必究
如有印刷、装订问题，本公司负责调换。
服务热线：400-600-8099
投稿邮箱：author@citicpub.com

致敬每一位
《吾家吾国》的奋斗者

总 监 制：申 勇　闫帅南　孙 杰　黄瑞刚
总制片人：张士峰　高 峰　任 涛　王惠莉
总 策 划：李 浙　李 瑞　王 宁
总 编 导：沈公孚
总 摄 影：杨 帆
统　　筹：崔 佳　崔 洁　周红新　韩 鹤　邹 利
　　　　　张 雯　苏若荃　杨 丽　宋 亮
节目策划：车 黎　李 静
节目编导：骆冠宏　姜 楠　丘浩润　宋心舟　李维宁
　　　　　郭连恒　付 磊　许 田　崔景涛　方锦涛
　　　　　冯 健　孟雅洁　马荣达　郭佳灵　杨雅舒
摄 制 组：李孝文　刘洪波　王 枫　赵 路　马瑞遥
　　　　　赵绍宏　王 梓　郝米祎　滕 譞　吕斌斌
　　　　　李 双　杨 瑶　庞清珊　巩承林　商俊泽
　　　　　李 刚　李 智　王敏洁　郭 乐
编　　辑：胡争荣　赵文斌　纪婉秋　温义佳　师伶俐
　　　　　高 佳　贾 冰　公一然　南新雅　刘梓含
　　　　　宋佩霖　彭心怡　宋 阳　赵 雪

新媒体策划：陈　曦　姜　萍　李　涛　许丽瑶　马文佳
　　　　　　王若璐　米　莎　杨瑜婷　李津婵　王　元
　　　　　　丁　沂　武慧锋
新媒体编导：张志达　杜显翰　马玮璐　王　瑄　杨惠珺
　　　　　　林湘瑜　李　娟　张娅喃　于子敬　高丹丹
　　　　　　秦　静　隋邦科　梁　晨　戚晨璐　乔戈芭
栏目名题写：庞中华
正书名题写：赵　妍

王宁

前言

人生的意义，在于追寻

每一个被历史铭记的大时代，都曾留下独一无二的生动印记。作为记录者，我们可曾缺席？

这是《吾家吾国》的初衷。

提笔的深夜，我看到微信朋友圈里《厦门晚报》的头版，95岁的指挥家郑小瑛手拿话筒，为观众做歌剧演出的导赏。头版的标题是："城市名片升级焕新，郑小瑛歌剧艺术中心爱乐厅正式启用，将成为歌剧孵化地！"我用点赞表达着喜悦，记忆呼啸，带着7月厦门的热浪，滚滚而来。

3年前,我对郑小瑛老师的采访,约在她排练之后。到达现场我才发现,她的排练厅在一个公交特运培训中心里。闷热的大厅让我的衬衫瞬间贴在了后背上。郑老的汗水打湿了头发,可她却笑着调侃:"我们这边也有空调,不过不是冷气,而是热气。你看,这是一个空调散热孔。我们的作品就叫'大战三伏'……"在一个简易铁架搭起的舞台上,我看到了正在排练的演员。他们并不是专业人士,而是下班后赶来的歌剧爱好者。音乐响起,一些人的动作略显僵硬,一些人的舞姿磕磕绊绊。但是一遍又一遍,没有人停下来。"我觉得普及歌剧这件事,需要有人领头来做。我总是相信,艺术与音乐,对于塑造人生是重要的!"我蹲在郑老的椅子边,抬头,望见她眼里有光。

在《吾家吾国》采访各位老先生的过程中,我时常能看到这种光亮。它顺着花白的发梢流淌,载着依然年少的追寻与热望。为了这片土地,他们爱过、梦过、奉献过、追求过。在这个世间,他们仍然无悔地爱着、梦着、奉献着、追求着。

他们从来没有想过被记住。更多的时候,我们认识他们,是在数字里。"2021年3月,仅在科学领域,就有6位院士陨落;此前的两个月,还有3位院士离开。"这则新闻,是《吾家吾国》的起点。

在历史的长河里,他们留下了举足轻重的印迹。可是,当他们成为步入耄耋之年的老人,早已远离聚光灯,站在我们的视线之外时,那些有关他们的故事,又该如何讲述?我们能不能早一点儿找到他们，早一点儿记住他们？

101岁的陆元九，是"两弹一星"功勋人物，世界上第一位惯性导航仪器学博士，也是"七一勋章"获得者。90岁的常沙娜是"敦煌守护神"常书鸿之女、林徽因的学生，中国当代工艺美术家、图案学家、艺术教育家。92岁的郑小瑛是第一位登上国外歌剧院指挥台的中国指挥家，也是新中国第一位歌剧交响乐女指挥家。81岁的栾恩杰是中国探月工程的首任总指挥，我国探月"绕、落、回"三步走规划就是他率先提出的……[1]

和时间赛跑，并不容易。许多困难是始料未及的。陆元九老先生在采访前一天从床上掉了下来，还好，主要是眼周有些淤青。等陆老身体恢复，我们才登门拜访。那一天，陆老戴着眼镜，镜头里看不出受过伤。但我坐在他身边，还是一眼就看到了他鼻梁上的伤痕。

采访常沙娜的那个早晨，我们刚到楼下，便接到了常老的儿子崔老师的电话，他在抱歉声中取消了采访。原因是常老醒来突然感觉头疼，想再休息一段日子。我望着眼前这片老旧家属院墙上自由攀行的爬山虎，心里很是羡慕。如果我能去常老的窗外问候一下就好了，至少能带去我专门买的洋桔梗，那粉白相间的花朵，也许会给爱花的常老一点儿慰藉。后来我才知道，常老那天之所以头疼，是因为耳道发炎，需要手术清理。一个多月后，我

---

[1] 此处人物年龄均为接受《吾家吾国》节目采访时的年龄。——编者注

们才终于有了再次登门的机会。

3年了，我们经历了无数的等待，也渐渐发现了等待的美好。因为，所有等待都值得。

我总是会想起常沙娜在翻看旧相册时讲的故事，这是连她儿子都没听说过的记忆。一张照片里，她抱着一个黑皮肤的小女孩。那是抗美援朝时期，在美国求学的常沙娜迫切地想回到祖国，为了攒钱买船票，她去了一个儿童慈善夏令营勤工俭学，照顾那里的孩子。一天，一个白人小女孩指着身旁的黑人小女孩问："沙娜，她为什么那么黑？"常沙娜想了想，用大自然里的颜色来举例："就像森林里的蝴蝶，有黑蝴蝶、黄蝴蝶，还有白蝴蝶。你看，我们也一样，你是白的，她是黑的，我是黄的。"那一年，常沙娜刚满19岁。

在每一个回忆的瞬间，和他们的青春相遇，我总是能看到奔腾的河流，那是他们的心灵在唱歌。

树高千尺有根，水流万里有源。能够坚持一生的奉献，从来都不是一个人的事，一个人背后是一个家的支持。当家里的每个人都因为奉献而被密密实实地连接在一起时，这个家的爱才有了根。这个根，是情怀。

人生的意义究竟是什么？

在鼓浪屿的海边，我问郑小瑛。她拄着拐杖，却步履矫健。她说："我从来没想过，我会跑到厦门来再搞个乐团，困难重重，有苦有乐。我也没有想到厦门这么美，有这海、这天，还有充满生命力的榕树。"人生的意义，在于追寻意义的过程。"榕树，是要把根扎得深一点儿。大海，则能把一切都冲破。"

记录这些，也是《吾家吾国》的追寻。

目录

陆元九
科学精神就是老老实实地干活 / 001

任继周
涵养动中静 虚怀有若无 / 031

王振义
追求卓越 保持清贫 / 059

郑小瑛
音乐岛的旅游大使 / 091

常沙娜
永远的敦煌少女 /119

王永志
自在乘风追梦人 / 147

陆俭明
穿过语言的丛林 / 179

汪品先
把科普写成小说的网红科学家 / 205

栾恩杰
茫茫探月路 情系航天梦 / 235

陈和生
做有温度的科学家 / 261

陆元九

科学精神就是老老实实地干活

陆元九,生于1920年,安徽来安人,陀螺、惯性导航及自动控制专家,中国自动化科学技术开拓者之一。1949年获美国麻省理工学院博士学位,也是世界上第一位惯性导航仪器学博士。1956年回国,为中国"两弹一星"工程及航天重大工程做出卓越贡献。

— 人物小传 —

百年人生，鲜少"出圈"

2021年6月29日，"七一勋章"授勋仪式在人民大会堂举行，获得勋章的29位都是在各自领域功勋卓著的人物，其中陆元九以101岁高龄成为勋章获得者中最年长的一位。不过，大众对他和他的贡献并不因为他的年纪而了解得更多。

陆元九是谁？他又干了些什么？

要回答这些问题，我们得把目光重新拉向让国人备感自豪的中国航天——

2022年7月24日，中国航天又迈出历史性的一步：问天实验舱成功发射，在大约13个小时后追上太空中的天和核心舱并与其顺利完成交会对接，中国空间站的建设图景有望在当年年底变为现实。

从1956年中国航天事业发端，60多年里，中国已进行200多次航天发射。在一次次万众瞩目的发射背后，普通人很少能知道，陆元九和他投入毕生精力的陀螺、惯性导航技术与一次次表现出色的各类航天器之间有着密不可分的关系。

陀螺、惯性导航技术——你是不是觉得这8个字都认得，合起来却看不懂？它与航天工程到底有什么关系？

我曾向101岁高龄的陆元九院士提出这个问题[1]，老人家用一句话做出了解答："最早是解决火箭上天后，在什么地方、朝什么方向的问题。"

因为这一技术涉及尖端领域，相关的元器件和测试设备在相当长的一段时间里都受到限制。陆元九是把陀螺、惯性导航技术系统性引入中国的第一人。他是我国第一批航空系大学生之一，也是世界上第一个惯性导航仪器学博士。1956年，他几经曲折，从美国回到祖国，随即着手筹建相关专业研究所。那时，一切都是从零起步。

经过半个多世纪的跌宕起伏，一代又一代科研工作者的埋头钻研，现在我国的各类航天器都装有各式各样的陀螺定向仪，能精准地测量飞行姿态。

1　本书正文中人物的年龄均为其接受采访时的年龄。——编者注

如今，我们看到的每一次成功的航天发射，都无声地记录着陆元九这样的开创者几十年来鲜为人知的付出……

如何成为麻省理工学院的优秀生

现在看陆元九的学习经历，他当然是妥妥的"学霸"。1949年，他以优异成绩拿到美国麻省理工学院的博士学位，导师德雷伯称赞道："中国人都很好，前有钱学森，现在我们有陆元九。"

陆元九自己爆料说，"（我）小时候根本不知道学习"。街上有唱京剧的人，每次开唱，他都会跑去看。如果不是父亲管得严，他说不准小学都读不完。

在他出生的1920年，军阀混战，他的父亲陆子章是一位中学教师，也是清朝最后一届秀才之一。因为自己的经历，父亲很重视孩子的教育，陆元九5岁就上了小学，10岁就上了初中。101岁时，陆元九回忆起儿时的学生生活，笑说"语文常常不及格"，那时"很怕作文"。语文在后来几十年里一直是陆元九的弱项，不过他理科成绩非常优异。

在高考复习阶段，陆元九曾阅读了一本原版教材，中间提到一个新名词plastic，书中描述了plastic可以用来制造牙刷柄、水杯等。陆元九对此很好奇，他马上去查词典，但只能查到与此接近的单词plaster，意为抹墙的泥、石膏等。plastic到底是什么东西，连当地的化学老师都不知道，此事困扰了陆元九很长时间。

因为陆元九准备报考的交通大学用的是英文考题试卷,他怕万一遇到这个问题,就无法应对解决。为此,他特地从家乡滁州来到南京,跑了上百里[1]路,找到了当地的一位高中老师,终于弄清楚了,plastic是"塑料",这是最新发明的一种新材料。

对此,陆元九深有感触。自学时遇到自己不知道的东西,旁人的指点很重要,所以,有机会一定要向他人请教。很多问题,别人一点即破。如果没人指导怎么办?陆元九认为,应抓住问题不放,许多问题很多个月都解决不了,但想明白时,可能用一句话就说清楚了,找到关键点就破解了。

在陆元九的高中毕业记录册上,他的同学根据其高三时的数理化情况,对他做出这样的评价:"元九氏陆,生于滁州。林泉陶其性灵,峰嶂励其志气,聪颖侪辈,爱好科学,孜孜不倦,将来成就,未可量也。"但陆元九对自己的评价是:学科发展不平衡,英语不好,语文更差。他谦虚地认为,如果当初高中毕业后立即参加高考,那么能否考取就是个未知数。

1936年,陆元九高中毕业,因生病耽误了升学考试,那时既没有复读制,也无补习学校,所以他只能在家自学。

复习的最初阶段是"炒熟饭"的复习方式,为了考试,学习就是不停地做题。课文、文字叙述、说理部分,他都不仔细看,有没有真正弄懂,他也不清楚。公式,就死记。平时忙着做题,

---

[1] 1里为0.5千米。——编者注

不是看懂了才做，而是没看懂就做，不会查书。渐渐地，陆元九摸索出了自学、概括、总结等方法，所以，陆元九当年的高考成绩可喜，他报考了三所学校，均被录取。

自学成了陆元九的终身秘诀。陆元九在中国科学院工作时，聆听了自学成才的数学大师华罗庚的报告，对华罗庚的名言"读书要'从薄到厚，再从厚到薄'"深有同感。学习从头开始，为了弄清问题，需要看的材料逐渐增多，这是"从薄到厚"的过程；到学以致用时，一定要把众多材料归纳成一些基本概念，这样内容就会越来越精练，相当于"从厚到薄"的过程。

陆元九说："谈到人才培养，现在一般认为那是学校的事，这是不对的。按照我们国家的教育学制，一个人从小学到大学毕业或念到博士，一般受教育10多年，毕业时才20多岁。从参加工作直到60岁左右退休，一般工作30~40年，工作的时间多了，学习的内容也就丰富了。"

1937年，陆元九报考大学，他同时报考了三所，其中一所正是现在上海交通大学的前身，结果三所学校都给他发了录取通知。由于当时的上海已经被多国划分得支离破碎，沦为英法美多国的租界，陆元九不愿去租界上学，便选择当时还在南京的国立中央大学（以下简称中央大学），成为我国第一批航空系大学生之一，希望学好知识，"航空救国"。

1937年，中国战火纷飞。七七事变爆发后，日本加强攻势，企图在几个月内吞下中国。在炮火硝烟中，中央大学迁到重庆，虽地处文化区，但日本飞机仍不时来轰炸。每次防空警报拉响，学生们都需要尽快躲到附近的防空洞里去。有一次警报刚刚拉响，投弹的飞机却已飞至学校上空。陆元九曾长期保存的一本字典，就是从当时被炸教室的废墟里找出来的，里面嵌入了炸弹的碎片。

国难当头，匹夫有责。陆元九说，当时的学生看着自己的国家被日本欺负，心里都憋着劲儿，大家努力学，就是想"学好科学，救中国"。凭着这股劲儿，陆元九于1941年大学毕业。之后，他考取了首批赴美公派留学名额。1945年8月，他和几个同学一起启程前往美国，并最终成为麻省理工学院的优秀毕业生。

美国求学，曾遭到歧视

1945年从中国到美国，可不像现在这样坐十几个小时的飞机就到了。当时，空中没有便捷的航线，走水路则需要横跨太平洋，而日本人在太平洋设置的水雷还没有完全清除。所以，陆元九一行只能舍近求远，他们于8月启程，先从重庆飞往昆明，经驼峰航线到缅甸，再飞往印度，之后便在印度等待去美国的大船。

其时，美国刚打败日本，获胜的美军需要大批回国，每艘去美国的船当然是美国士兵优先，只能拿出少量舱位给散客。大约等了两个月，陆元九等人终于登上了赴美的大船。当时的穷学生，只能坐最差的四等舱，要在海上漂一个月左右。大西洋上颠簸的风浪可以忍，陆元九觉得比较难忍的是美国士兵对中国人的歧视和羞辱。

陆元九记得，他当时想多吃几块面包，没想到被美国士兵骂"不要脸"；他好好在船上走，美国士兵会突然伸脚，看着他被绊倒，便哈哈大笑……

被看不起，让陆元九深受刺激。

后来，到达麻省理工学院，可以选择学习专业的时候，陆元九的想法是：要学就学最新的，学国内没有的。

二战时期的麻省理工学院，航空工程系最出名也最新的专业就是仪器学，仪器学专业的实际内容就是惯性导航，当年是第一次招生。它也是最难的，因为它比其他专业要求多修至少10门课。

陆元九决定学习这个最新、最难的专业。数年苦读，陆元九那时甚至很少出学校，一年偶尔进城看一次电影，就是对自己的奖励。

功夫不负有心人，不到两年，陆元九就以全优成绩完成了基础课的学习。1949年，他通过论文答辩，成为"惯性导航之父"德雷伯教授新开设的仪器学专业的首名博士，从此走在惯性导航领域的最前沿。

在今日美国麻省理工学院的校园里，不知还有多少中国年轻学子知道，这里曾有一位他们的前辈，获得了世界上第一个惯性导航领域的博士学位，让美国同行刮目相看。

然而，也正是这个具有历史意义的博士学位，让陆元九的归国之路充满艰辛。1949年，29岁的陆元九在获得博士学位后，

陆元九全家福

先后被麻省理工学院聘为副研究员、研究工程师。

他后来得知,学校让他留校,是准备安排他从事保密性较高的工作。美国政府施压,让学校动员他"升级"为美国公民。

陆元九心知肚明,拿了美国公民身份,就意味着一家人无法轻易回国了。在异国漂泊的他,虽归心似箭,却由于当时战后的特殊政治环境,久久未能如愿。

为了减少回国的阻力,陆元九开始主动远离敏感的工作领域,先是被调往麻省理工学院土木系的一个研究室,后来又离开大学,到福特汽车公司的科学实验室做民用科技研究。

1955年的一天,邮局公告栏中的几行汉字让陆元九看到了希望。公告中说,在美国的中国人,包括留学生,自愿回国的现在可以回去,如有困难,可找印度驻美国大使馆接洽……

一年后,陆元九一家终于登上了返回祖国的轮船。

23天后,一家老小抵达香港,走过罗湖口岸的九龙关口,身后的铁门哗啦一声关闭,这成为陆元九一生中永远的记忆。11年游子的生活,终于结束了。

陆元九全家福

陆元九回国的那一年，是中国航天事业的起始年。65年后的2021年，中国的空间站是太空仅有的两个空间站之一。陆元九离家的时候，是一个人；回家的时候，他给父母带回一个家。老父亲给自己的孙子孙女起名怀来、怀新、怀中。来，是老家安徽怀来；新和中，是新中国的意思。

回来几十年里，陆元九不时会被人问起"为何不留在美国"，一生坚持说实话的陆元九坦诚地说了三句话："我是中国人，得回去给中国人做点儿事情；近20年没回家，应该回家看看父母；孩子逐渐长大，希望他们将来别像我那样受歧视。"

上天的东西，99分不及格，100分才及格

在中国航天人的圈子里，有一句话流传很广，女航天员王亚平曾说它"已经渗透航天人的血液"，那就是陆元九常说的："上天的东西，99分都叫不及格，相当于零分，100分才及格。"

在航天领域，陆元九的较真儿是有名的。但他的较真儿不是天生的，而是来自血的教训。中国航天的发展道路也并非一帆风顺，其间经历过不少挫折和挑战。

1996年2月15日，长征三号乙火箭因飞行姿态出现问题，导致星箭俱毁。长征三号乙运载火箭首次发射失败，同时让人想起此前长征二号E运载火箭的发射失败，西方国家趁此竭力将中国从未来的商业发射服务者名单中挤出去。这次灾难性事故，不

仅使中国的国际形象受到损害,而且使中国长城工业总公司失去了 4 份订单,还要支付数千万美元的赔偿。

为了尽可能地找出故障,陆元九受命第一时间赶到西昌调查事故原因,那一年,他已经 76 岁了。陆元九回忆说,那段时间他根本没法儿睡觉,吃比平时多 4 倍的安眠药,还是睡不着,压力非常大,只想尽快把原因弄明白。

根据这次发射后的初步遥测数据,有关方面初步判断故障出在惯导平台上。在接下来的近 4 个月里,陆元九与成百上千的研制人员一起度过了很多个不眠之夜。他们分析了各种可能产生故障的情况,做了大量验证试验,逐步查清了一根断线造成复

20 世纪 80 年代中期,陆元九(中)在航天十三所资料室与研究生在一起

杂"倒台"的全过程，并且用平台实物在仿真机上复现了全过程，复原了这次失败飞行过程的全部遥测数据。

航天人的一个重要理念是"质量是生命"。一个元器件的一根导线不合格，就会导致整个火箭飞行失败，产品质量来不得半点儿虚假，航天人对此认识特别深刻。出现故障后，不但要查出故障现象，还要查出故障发生的根源，进而说清楚故障的发生是偶然的、批次性的，还是因为设计上有问题。只有将这些问题弄清楚，才能采取有效的对策，避免问题重复发生。

一个元器件内部的一根连接线不是百分之百靠谱，就导致整个飞行任务失败，这个教训极其惨痛！

此后，陆元九的那句话"上天的东西，99分都叫不及格"广为流传，并一直支撑着中国航天人一步步探秘太空。

风雨同路人，相依七十载

陆元九的人生跌宕起伏、几经风雨，幸运的是，身边始终有爱人相伴。陆元九的夫人王焕葆是名人之后，其父亲是北京大学教授，后长期任武汉大学校长。王焕葆于1949年获美国蒙特霍利女子学院（现蒙特霍利约克学院）硕士学位，成为这所大学第一位来自中国的硕士。结婚后，两个人60多年风雨同舟，为彼此撑起了一片天空。

"文革"期间，陆元九被剥夺了工作的权利。在那段不堪

陆元九与妻子王焕葆的结婚照

回首的日子里,有人曾劝王焕葆:"跟老陆(陆元九)划清界限,干脆离婚算了。"王焕葆承受了常人难以承受的压力,她表示:"我们结婚又不是一天两天了,哪儿能说离就离,我了解他,他没问题。事情早晚会搞清楚的。"她坚信中世纪波斯诗人萨迪说的话:"好人如果受到恶人攻击,不必沮丧,也不必在意;石头虽能撞破一只金杯,金杯仍有价值,石头仍是低微。"夫人的支持是陆元九的精神支柱,他也知道应该如何关爱夫人。1973年,王焕葆做手术,两个女儿尚未回京,她由陆元九陪护。三个女病人的病房,陆元九不便夜间近身陪护,为了照顾夫人,有许多天,他都坐在走廊里度过漫漫长夜。

王焕葆在2003年因癌症动了两次大手术,疾病在夫人身上,痛苦却在陆元九心头。看到夫人经受折磨,他心疼极了。他模仿欧阳修在《醉翁亭记》一文中的名句"而不知太守之乐其乐也",用"自己之苦,苦其苦也"表达自己的心情。爱之深,痛之切,他焦虑得彻夜不眠,精神几近崩溃,后来竟患上了焦虑抑郁症,险些送掉性命。那时他一边看着夫人受苦,心疼不已,一边自己焦虑失眠,苦不堪言,甚至不想活了。陆元九说:"要不

陆元九(中)与妻子王焕葆(左)

是考虑到老伴儿的病需要人照顾，我真的会寻短见。"

远在万里之外的儿女一再在电话里恳求他："爸爸，您千万要挺住，不能出事，您出问题，我们家就破了！"儿女的话语，加深了他照料好老伴儿的责任感。王焕葆第二次动手术，通过直肠造口排便，不能用通用的粪袋，导致伤口经常发炎。陆元九想："求谁去？医院也没办法。"为了保护伤口，陆元九为老伴儿设计了一种用手纸卷成四边形的专用粪袋，当时还真解了燃眉之急。

王焕葆手术及之后的10年里，一度痛不欲生的陆元九通过调整生活方式，逐渐适应了新的情况。他悉心照顾着交流困难的老伴儿，做出了以苦为乐的辩证诠释。

王焕葆是幸运的，病中享受了丈夫的无私关爱，她也应该得到这样的关爱，这是爱的回报。在陆元九于1972年到长春工作期间，以及改革开放初期，他虽在北京工作，却常年住在研究所忘我工作的岁月里，是王焕葆独自支撑着这个家，披荆斩棘地前行。在陆元九蒙受不白之冤时，是王焕葆忠于爱情，坚决不与他划清界限，最终支持他为航天事业做出巨大的贡献。正如莎士比亚的诗句："爱是亘古长明的塔灯，它定睛望着风暴却兀不为动。"这一塔灯照耀着他们在2009年度过了"钻石婚"的美好时光。

不幸的是，2011年8月，王焕葆因脑萎缩恶化，失去吞咽功能，被迫住进医院。2014年6月22日，王焕葆因多器官衰竭辞世，享年91岁。陆元九一直保持着妻子房间的原貌，依然将妻子盈盈浅笑的照片挂在床头。在他看来，妻子的房间保持原状，远在海外的孩子们以后回来的时候，家就还在。

光阴冷暖晚风知，繁华落尽见真淳

2021年，陆元九已是101岁高龄。谁会相信，一个百岁老人生活依然十分自律，每天坚持运动，生活上自己能干的事儿绝不假手他人。

在老人家里挨着书桌的墙上，贴着一张手写的字条，上面列着"四不"："不急、不恼、不懒、不馋"。陆元九说这是对

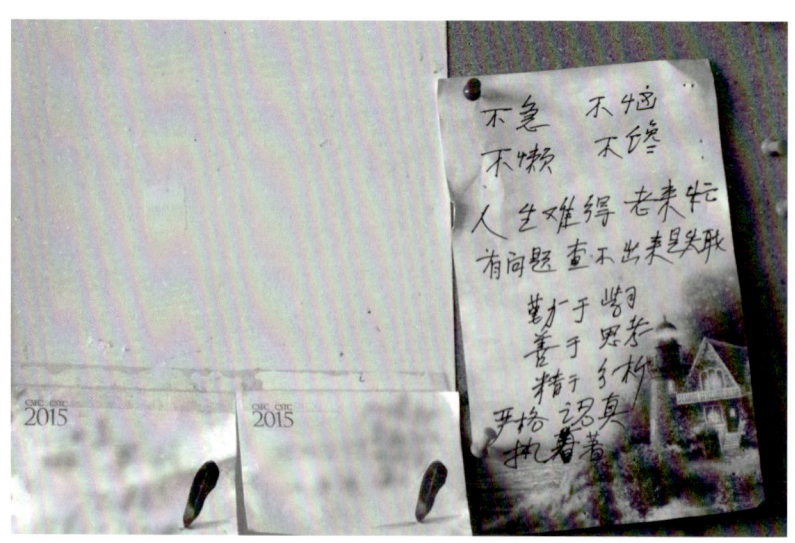

陆元九书桌旁边墙上的字条

自己的提醒:"不急""不恼",是针对自己的急性子说的;"不懒""不馋",则是针对身体说的。让人感慨的是,陆元九坚持少吃蛋糕、少吃糖,原因是要避免长胖,避免给别人添麻烦。

我请陆老给年轻人写一句话,较真儿的陆老写的还是一句较真儿的话:"你懂就懂,不懂,不能装懂,老老实实做人。"

也许,这就是这位功勋卓著的科学家恪守一生的信条……

采访对话[1]

受尽歧视,只为学好科学救中国

王宁:那个时候在美国您可以申请美国国籍,但您没申请。

陆元九:当时美国种族歧视很厉害,我从重庆飞到印度,从印度坐船经过大西洋到美国。在那个船上我要吃面包,被美国人骂了一顿。

王宁:为什么骂您?

陆元九:因为他们根本看不起中国人,你在船上好好的,他

---

[1] 全书"采访对话"系根据节目访谈内容整理。——编者注

会伸腿把你绊倒,而他会在旁边笑。

王宁:以您的脾气,您当时怎么不回击他们?

陆元九:哪里敢啊,那是美国人的兵船,他们都是一大堆人在一块儿,我是一个人。

王宁:那为什么您当时要出国读书呢?

陆元九:新中国成立前,中国常受欺压。像"九一八",日本占了东北,当时那些流浪学生唱的歌是:"我的家在东北松花江上……"大家都想念自己的母亲,都非常爱中国,所以我们从小的时候就有一个中心口号:学好科学,救中国。

百岁老人深情自述,她永远活在我的心中

陆老的夫人,陪伴了他60多年。在三个孩子的眼里,无论这个家经历怎样的风雨,母亲脸上的表情都是温和而平静的,她从没有当着他们的面流过一滴泪。

王宁(拿着一张陆元九夫人王焕葆的照片):陆老,这是哪年拍的?

陆元九:我们还没结婚,谈恋爱的时候,我到她们学校去,我给她照的……她平常很少笑。

王宁:您照相的时候给她讲笑话了?

陆元九:对。我对她讲,"你好好笑一下,我给你照一张留

陆元九先生手捧妻子照片向我讲述两人的往事

作纪念",所以她笑得特别开心。

王宁:如今您得了"七一勋章",您想不想告诉阿姨这件事?

陆元九:当然了,她不在,但是我的家还在。在我们这个家,她永远活在我的心中。

载人航天工程,100分才算及格

王宁:1996年长征三号乙是不是有过一次重大事故?

陆元九:对,我在那个时候的责任非常大。差不多前后有3个月,我很少睡觉,一天吃的安眠药比平常多4倍。

王宁：为什么您睡不着呢？

陆元九：因为惯性器件是我做的，我那时候在找问题出现的原因，最后找到了一个双向可控硅，就做了试验，结果成功了。

王宁：这之后好像您提到，上天的东西，99分都叫不及格，100分才算及格。

陆元九：发射火箭，尤其是载人的，是有生命危险的，所以这个条例就是这么严格。

王宁：陆老，您觉得我们应该有什么样的科学精神？

陆元九：一定要认真，老老实实地干活儿，不能说任何假话。

采访手记

99 岁才退休的中国航天人

采访陆元九老先生之前,我和他的儿子陆中沟通了许久。陆中老师告诉我,老先生每天的生活节奏像精密的仪器一样,在自己的心里分秒不差。于是,我们根据老先生的生活时间表安排了采访的时间,精确到了分钟。可是第二天,当我赶在预定时间之前来到陆老的家门口时,我发现老先生已经坐着轮椅在等我们了。那一刻,我的内心充满愧疚。当天早晨,他比以往起得都要早,吃过早饭,他让家人打开衣柜,自己在仅有的几件衣服里选了一件米色的衬衫,戴上了党徽。过两天,就是7月1日了。

陆老家的客厅里,摆放着一个火箭模型,型号是长征三号乙。

20多年前，长征三号乙运载火箭经历了星箭俱毁的发射失败。他带领团队在现场工作了4个月，一天要吃比平时多4倍的安眠药。最后，他发现问题源自一根金属连接线的断裂。经过多次重复试验失败飞行过程的全部遥测数据，他们最终完成了故障技术归零。从此以后，"故障归零"成为中国航天的硬核标准。那一年，陆元九76岁。

陆老是中国第一批航空系大学生之一。他考上大学的那一年，七七事变爆发。他毕业的那一年，日军的炮弹把很多教室夷为平地。他把毕业论文从瓦砾堆里翻了出来，他的一本字典上还嵌着弹片。他清晰地记得抗战时期的东北学生唱着"我的家在东北松花江上"，想念母亲，想念故乡。他对祖国的爱不只是一种情感，而是一个明确的目标：学好科学，救中国！

之后，他成为世界上第一个惯性导航仪器学博士。这个专业是当时美国麻省理工学院最难读的。陆老告诉我，第二个博士也是中国人。"第三个呢？"我问。他说："没有了。"

采访陆老之前，我做了很多功课，其中最花时间的是要搞明白："惯性导航"究竟是什么？陆老用半个世纪之久做的这项工作，对我国航天事业的发展起了什么作用？为此，我请教了专家，得到了一个通俗的解释：陆老的工作就是为不同型号的火箭装上"内耳"，让火箭可以在茫茫宇宙中清晰地找到自己的坐标。但是我依然很忐忑，陆老是两院院士，超级理科生+超级工科生，也许我问的每一个问题，都逃脱不了无知之嫌。而且，我听说，他在航天系统中出了名地脾气大。对此，陆老的解释一点儿都不客气，他说，"我在航天部门严格要求是有名的"。早在20多年前，评选一些成果奖的时候，有人建议举手表决，可陆老坚持一定要看到所有的报告。哪怕发现一点儿问题，他也会马上到基层单位去调研。研究生论文评审的时候，学生们最怕他在现场，因为他的批评从来不会拐弯。

陆老说，做教师的日子，他珍视至今。他编著了中国第一本惯性导航技术教材——《陀螺及惯性导航原理》。我曾经在采访中国探月工程的首任总指挥栾恩杰老先生的时候，听他讲起这本书。当时，航空系的每一个学生都会读这本书，也都在等着他出下册。而且大家在一起打赌，下册一定会卖三元三。我问栾老为什么，他说，因为这本书卖三元六啊。看着我仍然困惑的表情，栾老笑了："你看，陆元九，六块九嘛！两本书加起来一共卖六块九！"谈笑间，两代相差20岁的航天人，完成了心灵的传承。

陆老的家里有一个房间，近10年了，始终保持着曾经的样子，轻易不许旁人进入。那是老伴儿王焕葆的房间。从美国读书到艰难回国，从度过低谷期到神舟飞船发射，老伴儿陪伴他60多年。在老伴儿生病的日子里，陆老无微不至地照顾、陪护。这份责任，让他重新定义了自己的生活。爱一个人意味着什么？就是为了她的幸福，做她需要的事情，且收获快乐。这原是爱的本能，但是只有曾患难与共，爱才结实如初。在一张照片里，我看到了穿着同款红色毛衣的两位老人，牵着手，笑得像孩子一样。

陆元九

这是他们的钻石婚纪念,为时间留下了最温柔的目光。

这个院子,陆老已经住了40年。他说,其实有人劝过他,都100多岁了,也许最好住进疗养院,那里的照顾更专业。可是他不能接受。这是他和老伴儿的家,家不是房子,是亲人。他说,房子不是家,亲人在一起才是家。

99岁那一年,陆老办理了退休手续,可是经常会有一些学生来家里请教问题,这是陆老最高兴的时刻,他觉得自己还有用。"读书有用"是刻在他骨子里的。清朝末年考上秀才的父亲,出身于帮佣人家,因为有了读书的机会,成为当地有名的教员。在他们家，什么钱都要省，但书钱管够。

陆老卧室的墙上，贴着他自己写的"四不原则"。除了"不急、不恼、不懒"，还有一个"不馋"。他每天吃饭，只花5~10分钟。他担心吃太胖会走不动，一直坚持着雷打不动的运动时间，哪怕只是走几步路，也是有益的。即使在抗战的炮火里，他也仍然每天坚持跑3 000米。强健的体魄，是他学习的本钱。

因为听力的衰退，陆老说话比之前慢了很多，可是他头脑的转速并没有变得迟缓。在那之前不久，他还热衷于做"数独游戏"，这个所谓的聪明人的游戏，是陆老的休息。可是后来他不做了。儿子陆中很担心地问他："您为什么不做了？"陆老的回答是："没意思了，太简单！"

在和陆老相处的时光里，我时常想：如果人生是一本书，翻过了100页，在第101页上，陆老会写些什么呢？也许会有这样的一行字吧：光阴冷暖晚风知，繁华落尽见真淳。此时，他拥有最简单的生活和人生最深处的记忆。

101岁的陆老写给《吾家吾国》节目组的留言，是朴素至极的四个字："要说真话。""老老实实"，"不说假话"，在他看来，是做人的标准，是科学的标准，是生命的标准。

"人类生存于世，便总是会向某个方向前进。这个方向也许指向某个人，也许指向某件事。但一个人的行动更多是为了别人，而不是为了自己。一个人愈是忘我，为了所爱之人、所爱之事燃烧自己，愈是一个真正的人。"采访结束，这段话刻在了我的心里。

——
寄语
——

要说真话

陆元九

2021年7月1日

吾家吾国　/ 陆元九

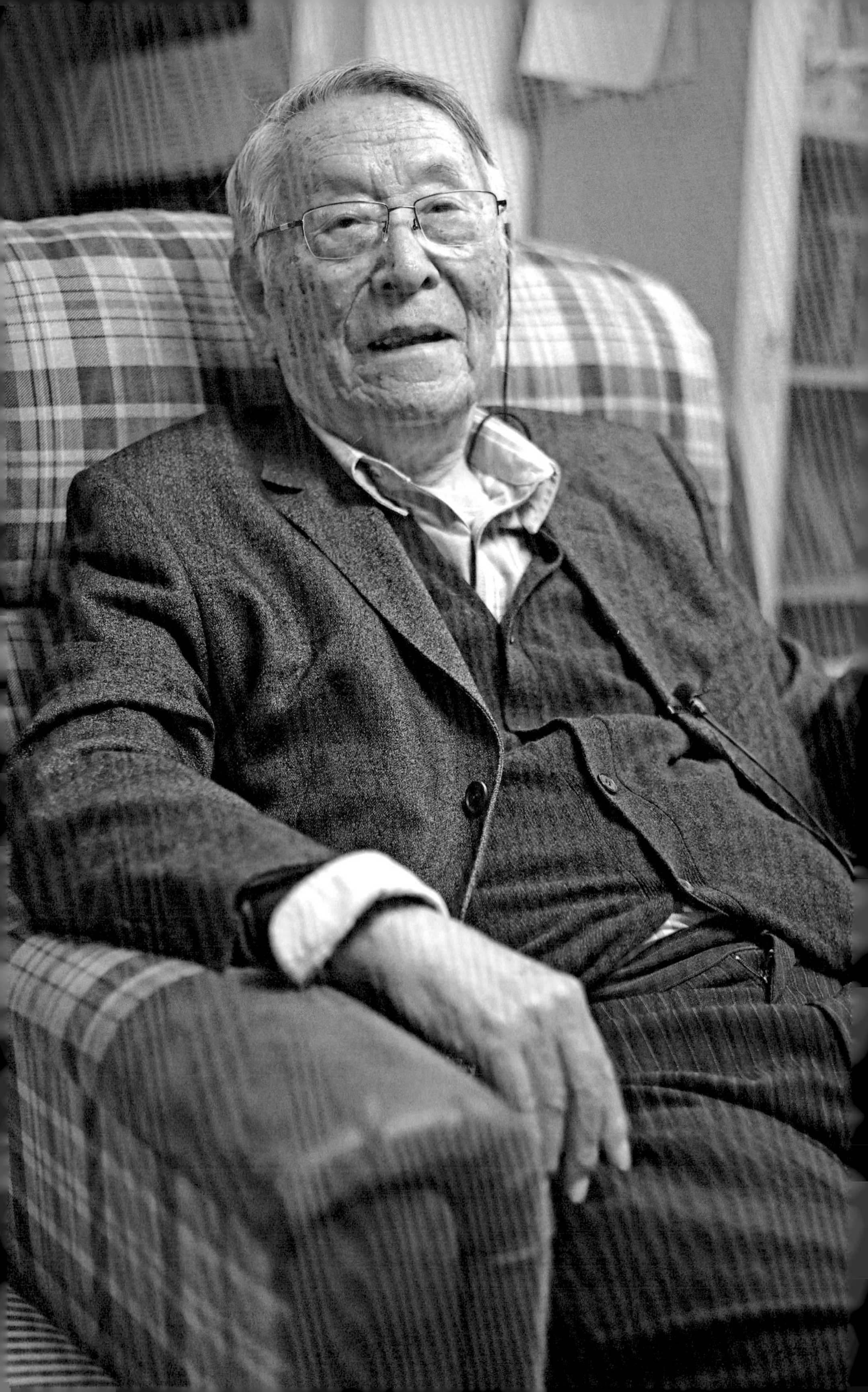

任继周

涵养动中静　虚怀有若无

任继周，1924年出生于山东，中国工程院院士，中国现代草业科学奠基人之一，国家草业科学重点学科点学术带头人。1948年毕业于中央大学农学院（现南京农业大学）畜牧兽医系。兰州大学草地农业科技学院名誉院长、教授、博士生导师。

人物小传

在北京的一栋普通居民楼里，98岁的任继周仍把大多数时间用在草业研究上。每天上午9点到中午12点，下午3点到6点，是任继周"雷打不动"的工作时段。因为眼神儿不好，他把电脑上Word办公软件的视图比例放大了好几倍，有时候还需要同时用两个放大镜来看书上的字。尽管精力大不如前，但他每天都感觉时间不够用，还想要多发一分光和热。

周朝的官职中有"草人",《周礼》记载道："草人，掌土化之法以物地，相其宜而为之种。"任继周说，自己研究了一辈子草，就是个"草人"。70余年来，"草人"任继周把全部精力和热爱都倾注在草原和农业上。

任继周

从小立志改善国人营养

1924年11月,任继周出生在山东平原县。父亲任萧亭毕业于保定陆军军官学校,当过国民党将领,参加过抗日战争的武汉会战、枣宜会战等战役。那是一个动荡的年代,任继周目睹了抗日战争中我国军队的惨重伤亡,也深知自己是在先烈血肉长城的保护下活下来的,是劫难后的幸存者。

1942年,18岁的任继周转学到重庆南开中学读高二。学校对面是一片草地——中央大学农学院的畜牧试验场,从小就喜欢小动物的他经常去看那里的牛和羊。

哲学家任继愈是任继周的二哥,对他的成长和专业研究有着重要的影响。任继周说:"家兄继愈是我非常敬重的人,他对我的影响极大。从教发音识字到支持我求学,我的生活里处处都有他的影子。我选择从事的专业也受他影响,他对于我是'亦兄亦父，亦师亦友'。"

任继周上中学时正值抗战时期，因为生活艰苦，他常常吃不饱饭。时任国立西南联合大学讲师的任继愈省吃俭用，东挪西借，凑钱供弟弟转学到南开中学。"我二哥支持我上南开中学太困难了，估计学费相当于他10个月的工资，但他从来没有跟我说过。所以我拼命读书，在南开中学读了一年就去考中央大学，高中我实际上只念了一年半。"

在专业选择上，任继周也深受哥哥的影响。"我问他考什么专业好，他建议说：'我是学哲学的，太虚了，你搞一点儿实的。'我想最实的是农业，我从小喜欢小动物，就搞农业里头的畜牧业吧。"

任继周选择了农学院的畜牧专业，面试时，院长问过他，他成绩这么好，为何要考畜牧专业。"我就如实跟他说了。还有一点，我觉得应该改变中国人的食物构成，我们体质太弱，就是因为吃五谷杂粮太多，吃动物食品、奶、肉太少。"任继周说，"我对我的专业一直是很满意的，不管外面有多少诱惑，我都没有动摇过，我觉得我选对了。"

入学后，任继周攻读牧草学、草原学，兼习动物营养学。他有幸遇到了我国现代草业科学开创者王栋先生。王栋于1936年考取庚子赔款公费生名额留学英国，获爱丁堡大学博士学位。二战期间，王栋冒着生命危险，在海上漂泊40余天，从国外学成归国，在国家最危难的时候开始草业科学研究的艰苦创业。

在王栋的带领下，任继周毕业后留校进修。时任国立兽医学院（现甘肃农业大学）院长的盛彤笙教授托王栋找一名能前去西北做草原研究的学生，王栋推荐了肯吃苦、学术功底扎实的任继周。任继周专门复信盛彤笙教授，以表心志：

> 生愿郑重申明，于明年进修期满后，保证赴兰，绝对秉承吾师指示，于进修期间不兼做研究生或兼营任何副业，专心攻读牧草及有关科学，以期确有所进益，以报吾师厚望于万一。

临行时，王栋先生赠言："与牛羊同居，与鹿豕同游；为天地立心，为生民立命。"揣着王先生这句话，任继周在西北苦寒之地一干就是六七十年。

草原研究，与牛羊同居的日子

1950年2月，任继周准备启程前往兰州，当时他的夫人李慧敏刚刚大学毕业，在联合国善后救济总署当翻译，李慧敏二话没说就和他一起走了。当时他们坐的是一辆拉器材的卡车，走哪儿都抛锚，从西安到兰州走了21天。这种苦，并没有吓倒任继周。甘肃草原类型交错分布，在任继周眼里，这就是完美的草原标本区。任继周说："东南西北（方圆）1 500公里，从长江流域、黄河流域、内陆河流域,到祁连山山地、青藏高原,这个类型太复杂了,我一看非常高兴。"

任继周到校后,盛彤笙先生对他关怀备至,让他非常感动。他回忆说:"当时兰州的条件很差,喝水要到黄河里去打,冬天很冷。我到达之前,盛先生就安排好了宿舍,并几次到宿舍检查,看窗户纸糊好了没有,水缸的水打满了没有,取暖的煤、火炉和引火的柴备齐了没有。安顿好后,又请我们全家在小西湖一家饭馆吃饭。当时我是个刚刚大学毕业、进修两年的青年,何况又是他的学生,算个什么人才?居然这样以礼相待,这是难以想象的。"

初到西北,一间挂着"牧草研究室"牌子的16平方米实验室,里面有一张办公桌、一盏煤油灯、一个书架、一个单面试验台,这便是任继周的全部专业设备。苦寒之中,任继周和同事们推进着火热的草原科研事业。当时,恰逢西北军政委员会组织草原牧区调查队对甘肃草原进行全面考察,盛彤笙安排任继周跟随调查队对甘肃草原进行了全面考察,还拿来家里的蔡司相机给他用。甘南桑科草原、皇城滩、大马营草原——这是任继周最早接触的真正的草原。接下来的几年,他跑遍了西北和内蒙古的多种类型的草原。

年轻的任继周在甘肃的大草原上开始了基础研究,有时候一天要步行100多华里[1]地,累了就坐下来,他包里随时揣着一本

1　1华里即1里,为0.5千米。——编者注

任继周

小说，看一会儿就当作休息。

1954年，由任继周执笔、王栋审校、盛彤笙作序的中国第一部草原调查专著《皇城滩和大马营草原调查报告》出版，这是任继周的草原岁月结出的第一颗果实，也是我国第一本对草原畜牧业具有重要意义的草原调查报告。

要深入开展草原定位研究，就必须建立试验站。可是，经费、设备、人员编制、交通工具，一无所有。1956年6月，在海拔3 000米的天祝县乌鞘岭马营沟，任继周的临时驻所与实验室落成了。那里只有两顶白色帐篷，却是我国第一个高山草原试验站。"夜闻狼嚎传莽野，晨看熊迹绕帐房。"任继周的诗句记载了当时的生活状况。

艰苦的不仅是物质条件，研究的时间也是考验。建站初期，任继周每周前三天在兰州教课，后四天到天祝草原试验站开展实验工作。从乌鞘岭火车站到马营沟试验点，山路崎岖，蹚水过河，河水冰冷刺骨。为了不耽搁从试验点去学校上课的时间，他早上4点就得起床赶火车。

"我很幸运能在甘肃做牧草研究，甘肃生态类型丰富多样，横跨长江流域、黄河流域，还有内陆河流域的荒漠地区，从湿润到干旱，从低海拔到高海拔，草原类型齐全。如果不是在甘肃，我没有勇气也没有基础去思考具有全球意义的草原分类。"任继周说，我国曾学苏联的草原分类法，按植被来分，但这种方法只可用于局部地区，不能用于全球。

20世纪50年代末，任继周提出草原的气候—土地—植被综合顺序分类法。在气候、土地、植被三者中，气候最稳定，土地次之，植被稳定性最差。如果把植被放在前面，就很难做大的类型区分，厘清这三个要素的顺序及关系，草原分类问题便迎刃而解。这一综合顺序分类法精确、稳定，已成为唯一可以覆盖全世界的草原分类方法。

任继周将深厚的科研成果和扎实的一线调查融入草业科学专业教学，也带出了中国草业科学的"黄埔军校"。他编写的教材《草原学》，成为献礼国庆10周年的我国高校第一部草原学教材。任继周先后创建中国高等农业院校草业科学专业的"草原学""草原调查与规划""草原生态化学""草地农业生态学"4门课程，并先后主编出版同名统编教材。

当时的任继周既要搞研究，又要教书，哪儿还有时间编教材呢？原来，任继周自创了一套"三段睡眠法"。那时正逢"大跃进"的高潮，白天劳动开会，他每天只能晚上挤时间搞专业。晚上9点到第二天凌晨5点彻夜编写教材。他以"三段睡眠法"弥补："早上5点睡到7:30起床，约睡两个半小时；午饭后立即睡觉，到下午1:50上班，约睡一个半小时；晚饭后立即睡眠，到晚上9点起来工作，约睡3个小时。估计共7个半小时。当时身体还好，躺下就能入睡。这个办法，使我在'大跃进'中没有损失多少读书和写作的时间。"

身穿自制毒衣，发现草料高产的秘密

1950年5月，任继周到达兰州，6月就开始出去考察，基本上把甘肃省都走遍了。"甘肃省的草原资源给我的印象非常深刻。从白龙江、长江流域一直到内陆，从很潮湿温暖的地方一直到非常干旱的地方，各种草原类型非常丰富，恍如一个草原类型标本园。西北丰富的草地资源太适合做科学研究了。"

野外的生活孤独而艰苦，但任继周都不放在眼里，唯独虱子这一关最难过。草原的虱子无缝不入，任继周专门给自己做了一套连衣裤式的工作服，还是无法阻挡虱子的叮咬，睡觉也不安宁。后来，他想了一个办法，每一次下乡前都用666粉（六氯环己烷）、敌百虫等农药泡衣服，晒干后再穿，虱子一碰到就会死掉，这才终于睡上了安稳觉。

"我现在身上应该有各种残毒,那时是别无选择。人家说危害很大,好在半个多世纪过去了,这些药剂还没有发现会导致什么后遗症,我现在还这么活着,身体和生活状况都很好。"

就这样,任继周创建了我国第一个高山草原试验站,在我国率先开展了高山草原定位研究,建立了一整套草原改良利用的理论体系和技术措施,还研制出了我国第一代草原划破机——燕尾犁。

通过实地考察,任继周发现,在青藏高原的草场上,经过上万年形成了黑色草毡土,草根絮结密实,草长不好,但老鼠洞周围的草长势很好。他受老鼠洞启发,每隔50厘米挖一道沟,草的长势明显向好,但多少还是有些破坏植被。如果只划破草皮而不开沟,对植被就没有影响了。

可是,只划破草皮,犁需要用好钢,拉犁的动力要很大,这些都没有条件解决,这难住了任继周。一位记者把任继周遇到的难题告诉了当时主管农业的国务院副总理谭震林,谭震林便让第八机械工业部来帮忙,合力研制出了燕尾犁。

燕尾犁划过,草皮被切开一道缝隙,通气透水,原来仅有两三寸[1]高的草能长到半米左右。草长高了,牛羊也就有了更充足的草料供应,这样,中国人的餐桌上就能有更多的牛羊肉。在内蒙古等地,"划破草皮"的理论至今仍然在草原上应用。

跟草原接触多了,任继周还提出了一个重要问题的解决思

1　1寸约为3.33厘米。——编者注

1980年，任继周在西宁讲学

路：畜产品单位。

计算草原生产能力是一个非常现实的问题，有的地方按产多少草计算，有的地方按牲畜头数计算，这些计算方式都无法全面衡量草原生产能力。而标准就是指挥棒，不当的标准会误导生产，贻害草原。

1973年，任继周的学术集体提出了评定草原生产能力的指标——畜产品单位，草原生产能力就是单位面积的草原在单位时间内生产的可用畜产品数量。这一指标体系的提出，结束了各国各地不同畜产品无法比较的历史，后来被国际权威组织用以统一评定世界草原生产能力。

心系三农，期盼公正合理地对待农业

草，不能当饭吃。经过几十年的努力，尽管创建了草业科学的多个第一，任继周发现，与"让国民吃上肉"的初衷之间还是有距离。

任继周说："我们的农业是以粮为纲的，没有畜牧业，就叫耕地农业。后来因为各种问题就越来越感觉，三农问题要解决好，不仅要改善食物营养，还要改变农业结构。"

任继周曾经对哥哥任继愈表示，自己想做农业伦理研究。任继愈说，伦理学是一门很深的学问，年龄大了，研究一门新的学问要慎重。可是经过反复思考，任继周还是做出了一生中少有的一次不听兄长建议的决定——农业伦理问题非研究不可。

其实，早在研究草地农业系统的过程中，任继周就已经开始关注农业伦理问题了。21世纪初，他的很多批判城乡二元结构的文章就有明显的农业伦理痕迹。任继周认为，长期以来，城市一直索取，农村一直供给，二元结构不破除，农村就解放不了，城市就发展不了，现有的城乡二元结构缺乏伦理基础。2006年1月1日，中国取消了农业税，是一个巨大的历史性进步。

经过多年准备，2014年，"农业系统发展史"与"农业伦理学"课程在兰州大学开设。"在农业伦理学方面，我做的只能算个导论，我年龄大了，后面要年轻人继续努力。"

在耄耋之年，任继周组织编写并出版了《中国农业伦理学导

2008年，任继周在世界草地与草原大会上发言

论》，开创了中国农业伦理学研究的先河，用哲学的终极探索来回应学科的方向问题。

任继周说："要把农业发展归结并纳入可辨识的农业伦理学，用农业伦理学考察农业发展合理不合理、对不对。农业伦理学讲的就是一个人和人、人和社会、社会系统和自然系统的关系，要公正合理，要持续发展。"

回报社会，虚怀有若无

2015年清明节期间，任继周在一首怀念二哥任继愈的诗中写道："借得瓢水还一桶，殷盼薪火待人传。"他始终记得哥哥的一句话:"每人从社会获取一瓢水,须还给社会一桶水。"

任继周先生说,他的二哥任继愈是个很有爱心的人。"他在我身上花的心血很多,教我怎样做人。我的小学是在老家平原县读的。考上县中后,七七事变就爆发了,我们就逃到了南方。二哥随北大也迁到南方,直到在国立西南联合大学毕业。在逃难途中,我遇到了二哥,他鼓励我一定要坚持读下去,不管遇到多少困难,都不要放弃。他把自己的生活费节省下来资助我。他嘱咐我从中学开始就要写日记,不要间断。我从那时候开始记日记,一直到现在,从没间断过。"

"涵养动中静,虚怀有若无"这几个字,是任继周晚年的定海神针。1995年,他当选中国工程院第一批院士之一,二哥任继愈看到他整天忙得团团转,就送他一副对联:"涵养动中静,虚怀若有无。"从兰州到北京,任继周一直都把这副对联挂在书房最醒目的地方。

"虚怀有若无,不是一句虚的话,是真的无。"这个"无"字,任继周理解为放下一切。

2014年,兰州大学设立"任继周草业科学奖励基金";2020年,任继周捐资260万元给兰州大学。

任继愈先生在去世前将上万册家存图书捐赠给家乡,任继周跟随哥哥的步伐,捐出100万元积蓄,于2021年7月设立"任继愈优秀中小学生助学基金"。任继周在一次接受采访时说,他和哥哥都感觉,读书的时候有很多很优秀、很聪明的学生,后来却不见了，正是因为穷，没办法接受教育。

年纪越大，任继周就越想把钱捐给需要的人，世间的物质与虚名，他一点儿也不想留。2021年4月，任继周再次捐资，在南京农业大学设立奖学金，这次他也没有用自己的名字命名奖学金，而是将其命名为"盛彤笙草业科学奖学金"。对于这位在西北大草原上把自己领入学术研究大门的恩师，他铭记在心。

任继周说，盛彤笙先生不仅是微生物学家，还是草业科学的先觉者、毕生支持者。作为一代人杰，盛公视野开阔、见识深刻、行为高洁。设立"盛彤笙草业科学奖学金"不仅是对草业后学的鼓励，也彰显了盛彤笙先生献身科学事业的崇高风格，同时是对盛彤笙先生的纪念和告慰。

"八十而长存虔敬之心，善养赤子之趣，不断求索如海滩拾贝，得失不计"，这句话出自任继周在80岁时写的文章《人生的"序"》。虔诚之心，赤子之趣，任继周的世界简单而丰富，如草原一般。喜爱古诗词的他把王昌龄的"从来幽并客，皆向沙场老"，改成"从来草原人，皆向草原老"。

"这个年龄，我能做多少就做多少，让生命做一点儿应该做的事。夕阳晚照美如画，惜我三竿复三竿，我要爱惜、珍惜我借来的'三竿又三竿'的时间。"任继周说。

在自己设置了超大字体的电脑前，98岁的任继周仍然没有停笔。

采访对话

深入自然，筚路蓝缕的草原研究之路

为了搞研究，身穿自制的毒衣来对抗虱子的侵扰，这样的艰苦让人觉得难以置信。而亲身经历过那段时光的任老一点儿也不觉得苦，他反而觉得，这样的经历带给他更多的是福气。

王宁：那个时候的高原，保暖设施可不像现在这么先进。

任继周：什么都没有。我在草原调查的时候，甘南的藏民地区还用银圆呢，他们不用人民币。而且一到晚上就不能出门，出门就（有人）打黑枪。我们就住在县政府里头。

王宁：您觉得什么最难熬？

任继周：身上爬满了虱子。后来，我们一个生物学的老师说，没办法，你就拿666粉泡。出发以前呢，把这个贴身的（衣服），洗完以后就泡了，晾干就穿上。这里头有残毒，但是两害相权取其轻，有点儿残毒总比不睡觉好。

王宁：如果衣服全都沾上了防虫粉，这些残毒也会渗透皮肤，怎么办？

任继周：没办法，要不然的话，虱子厉害啊。后来我就专门做了一套连衣裤的那种衣服。一穿上这个，虱子只能爬到领子上。虱子咬人怪得很，我才知道，它是贴着你的皮肤趴着不动地咬。咬的时候你一摸，不要乱动，一按大虱子就拿下来了。

王宁：这么恶劣的环境，您靠什么忍耐下来？

任继周：没办法。这就是环境啊，人家都这么过，藏民、牧民都是这么过的啊。还有吃饭问题，那时候我们住店，三毛钱一天，还管晚饭。有一碗腌韭菜，韭菜不是拿盐腌的，是苦井水泡的，光苦不咸。

王宁：您为什么非要在这儿建试验站？

任继周：因为你不到具体的环境里头去啊，你就不知道草原变化的规律，我这个试验站对我很有启发。在做试验的时候，我就山上山下地跑着检查，所以我走路的本领啊，一般人他比不了。我一天走一百多里路，没事，不感觉累，而且我对这些非常有兴趣。这样做的结果才能够汇总。

王宁：建成这个试验站对于整个草原学的贡献是什么？

任继周：了解这个地方的草地生态系统一年四季的变化。这个试验站，对我贡献太大了，我这人有福气啊。

不慕富裕，心系莘莘学子

在采访中，我发现98岁的任老丝毫不忌讳谈论生死。在学术研究上，他与光阴赛跑。而在物质生活上，他却一直坦然放手。此前，他已经累计捐赠了300万元，设立各种奖学金。而在采访过程当中，我又在无意之间听到任老家的阿姨提到了他对自己身后事的安排。

王宁：您的学生告诉我，这个房子您准备捐出来？

任继周：准备捐出来，我捐出去支持社会。还有我搞这个"任继愈优秀中小学生助学基金"，是因为我跟我哥哥都有这种感觉，我们读书的时候，有很优秀的学生啊，真是聪明，结果后来都不见了，没有继续（接受）教育，穷啊。

王宁：您之前是不是已经把所有的钱都捐给这些奖学金了？

任继周：全捐了。

王宁：您曾经说"家国是学子的根"，您为什么会有这样的感受？

任继周：当然是。老实讲，我有一种原罪感。为什么呢？我上初中的时候，正在打仗，血肉长城把我们保护起来。有一个老师对我们说："前方将士在打仗，你们念书也是打仗，要用打仗的精神来念书。"所以我为什么念那么多书啊？拼命念。我这点儿东西算什么？所以现在有一点儿科学知识，不能骄傲，"虚怀有若无"不是一句空话，不能假装谦虚，真正要做到"有若无"。

王宁：把一切都回馈给社会，这是您的人生准则。

生死两隔，我们在距离最近的地方继续相伴

任老的心里还惦记着一个人，那就是2019年去世的老伴儿。任老的夫人李慧敏毕业于中央大学，是一名外语专家。新中国成立之前，她就在联合国善后救济总署担任翻译。为了能够成就任老的草原事业，夫人陪着他在甘肃兰州生活了整整50年。如今，生死两茫茫，而任老的家中还一直留着关于夫人的所有记忆。

任继周：我就睡这里，骨灰盒就在我的上面。将来我不在的时候呢，就把我们俩一块儿"处理"了。

王宁：在这个位置，阿姨和您离得特别近。

任继周：也有这么个意思。

王宁：您会在心里和她说说话吗？

任继周：我觉得她一直都在陪伴我，支持我。她走了之后，所有她的东西我都没有动过。

任继周与妻子李慧敏

滴水之恩，当涌泉相报

用情至深，俯仰无愧。学业、国家、家人，谈到这些话题，我总是情不自禁地因任老的真诚而感动。在我眼里，任老身上既有专业治学的科学家精神，又有中国传统文化当中的浩然君子之风。

王宁：我在您家看到很多时钟，为什么要摆放这么多？

任继周：（我）做事情从来不偷懒。

王宁：您哪儿是不偷懒，我觉得您是精益求精！

任继周：社会给我的东西太多了，我回报不了。舀一瓢水，没还一桶。我从来不占便宜，人家占我们（便宜）不在乎，占人（便宜）感觉心里过不去。

王宁：为什么舀一瓢需要还一桶？

任继周：这样社会才能发展。每一个人都这样做，社会才会发展；每个人盗取一下，社会就退步了。

我与任继周先生愉快地交谈

采访手记

他的家里时钟随处可见

等待,是世间最难熬的事。过程中不能快进的分秒,煎熬着等待中的耐心。等来了,自然欢喜。落空了,仍是不悔的。愿意等,都只因值得。在约访老先生们的过程中,我的心里时常填满了这样的等待。从焦虑到欣然,更多了做记者的使命和沉淀。

第一次约访任继周老先生,我们开启了"超长待机模式"。因为98岁的老先生每天仍然在熬夜工作,睡眠时间不确定,吃饭也并不规律,要提前安排好固定的采访时间,显然不切实际。而且关于聊自己的事情,任老一直很犹豫,他说自己做的事情微不足道,不想占用大家的时间。在电子邮件的反复沟通里,他勉强答应：如果第二天他的睡眠质量还可以，我们就尝试着聊聊天。

站在任老家楼下的空地上，我眼前落日的余晖即将散尽。抱着再试一次的想法，我敲开了他的家门。"你的采访没有提纲吧？太好了，随意聊天就好。"刚午睡起来不久的任老坐在沙发上，笑意盈盈。我悬着的心，终于落了地。

"我喜欢看足球。咱们总上不去，不要怪孩子，他们从小的蛋白质没吃够，肌肉纤维不够粗，也不够壮。我看他们一失败就被骂得一塌糊涂，就觉得他们冤枉。其实我们上不去是身体的历史原因，一定要从营养上彻底改善。"说起他一辈子研究草业的坚定，任老给我举了一个"踢足球"的例子。身旁的摄影师在他风趣的讲述里不觉笑出了声，忍不住说："以后看球再也不生气了。"作为中国草业科学的奠基人，任老以如此"低门槛"的方式开启了我们的采访，这让我心生敬意。

任老带我走进书房，挂在墙上的投影仪格外醒目，这是他查阅文献最贴心的伙伴。因为需要大量阅读，纸质书看起来太吃力，年近百岁的他把投影仪上的字号调到了最大。满墙的字，像雕刻的时间，定格了他人生的意义。究竟什么样的人生才值得过？对此，任老的答案是：一直到生命结束，还有做不完的工作。

让任老此时依然辛劳的动力，是他电脑里正在书写的一本关于农业伦理学的导论，这是写给大学生看的书。任老说："科学、文化、艺术都有伦理学，中国绵延 5 000 年的农业文明没有一本伦理学的书，这是不应该的。这个导论我得抓紧时间写，我估计还能活两年,写完它,才能有个交代。"他的话让我心里一沉。"我的心脏左右通道都堵了,医生说很危险,可是我觉得人只要有事情做,身体就会自我协调。这个任务还需要我来完成,那我就不会掉链子。"说完,房间里又响起了任老爽朗的笑声。

和时间赛跑,任老过得充实而快乐。在任老的书房,我看到了两种时钟,一种挂在墙壁上,一种摆放在书桌上。我原以为这只是他的工作环境,没想到走进卧室,时钟依然随处可见。"到这个年龄了,我能做多少就做多少,我要珍惜我借来的这三竿又三竿的时间。"借来的时间,这是多么豁达淡然的生命状态。当很多人都盘算着在世间索取斤两时,任老的一个"借"字,道尽了生命的真谛:刹那的光阴,都是我们向永恒借来的吉光片羽。明朝即长路,借取此时心。

在学术研究上分秒不让的他,在物质上选择了坦然放手。采访之前,我了解到他已经累计捐赠了 300 万元来设立各种奖学金,而在采访过程中,我又在无意间听到他家的阿姨提起了他对身后事的安排。捐出自己的房子,接续投入"任继愈优秀中小学生助学基金",这是他的心意。

任老的二哥任继愈先生是我国著名的哲学家、宗教学家、历史学家。1938 年,任继愈先生从国立西南联合大学毕业,考上了北京大学文科研究所第一批研究生,师从汤用彤和贺麟,攻读中国哲学史和佛教史。在他的家里,一直挂着一副对联——"为学须入地狱,浩歌冲破云天",这是他的座右铭。他时常勉励学生，做学问是件很苦的事，必须有献身学术的热烈情怀，才能经受住炼狱般的考验，最终破茧成蝶。正所谓"富贵利禄不能动其心，艰难挫折不能乱其气"，做学问，绝不能甘居下游。要做学问就要立志当第一流的学者，没有这个志向，就不要做学问。

"涵养动中静，虚怀有若无"，晚年的任继愈老先生把这句话送给了弟弟任继周，无论顺境逆流，要始终追求专业治学的科学家精神，更要秉持中国传统文化的浩然君子之风。这十个字，是一个学者的座右铭，亦是一个纯粹的人不离不弃的精神家园。

任继周家的对联

——寄语——

闹市动中静
虚怀有若无
任继周
2022.3.31

吾家吾国 / 任继周

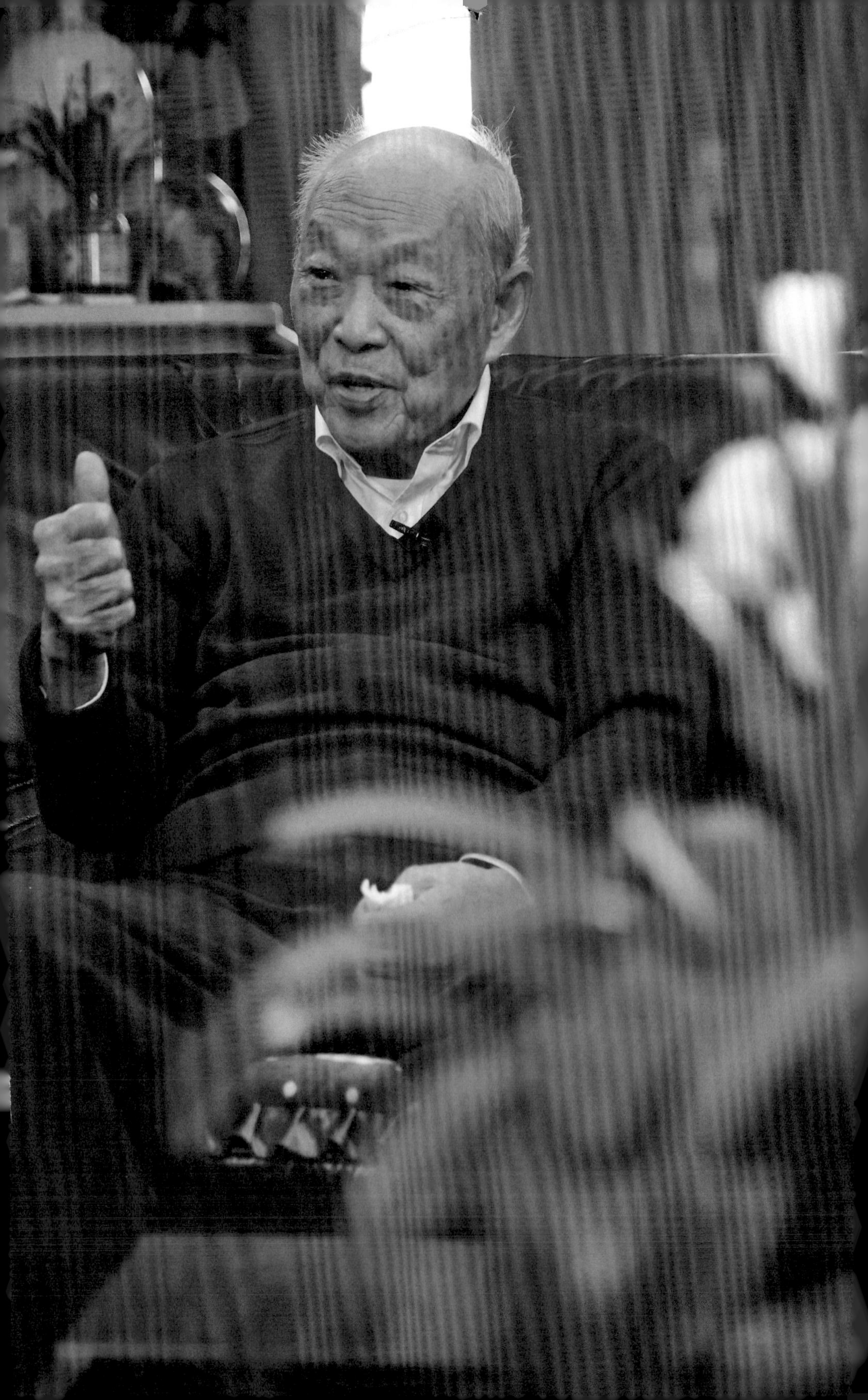

王振义
追求卓越　保持清贫

王振义，1924年生于上海，中国工程院院士，内科血液学专家，中国血栓与止血专业的开创者之一，被誉为"癌症诱导分化之父"。

人物小传

1924年11月30日,王振义出生于中国上海。

那时的中国阴云密布,时局动荡不堪。在这样的历史背景中,王振义努力学习,考上了震旦大学医学院。

1948年,王振义从震旦大学医学院毕业,获得医学博士学位后,他决定留在广慈医院担任住院医师。1952年,他决定将自己的职业生涯投入血液病研究,随后开始在著名内科专家邝安堃的指导下从事血液学研究。当时邝安堃教授在震旦大学医学院一共教育培养了5名优秀学生,分别是陈家伦、许曼音、王振义、龚兰生、唐振铎。

但正好在1952年,震旦大学进行改制和院系之间的调整。政府规定上海市不得有教会医院,于是震旦大学医学院与圣约翰大学医学院一道被合并到了上海第二医学院（后更名为上海第二医科大学，又与上海交通大学合并，组建了上海交通大学医学院）中，广慈医院也更名为瑞金医院。

在医学发展与实践中，邝安堃决定按照当时的医学发展趋势，把内科学进行细分，让他的5名优秀学生分别专攻一个方向。龚兰生专攻心脏病，唐振铎专攻消化病，陈家伦和许曼音留在邝安堃麾下专攻内分泌病，而王振义决定了他余生的专攻方向——血液病。

论"成就"

王振义在投身血液学研究的六七十年中获得了大大小小许多奖项，2011年，他获得了国家最高科学技术奖。

在谈白血病色变的年代，王振义找到了全反式维甲酸治疗急性早幼粒细胞白血病的方法。王振义和他的学生陈竺、陈赛娟等人一起确立了这种恶性肿瘤治疗的"上海方案"。更难能可贵的是，在这之后，王振义并没有将该疗法申请专利，而是选择将它公开，让全世界所有的白血病患者都能从他发明的这种疗法中受益。

直至今日，全球共有上千万名患者因使用王振义的"上海方案"而"重生"。王振义也因此获得了堪称国际肿瘤学界"诺贝尔奖"的凯特林奖。

当有人问王振义是如何享受这一切的时候，王振义一本正经地答道："人生的最终目的是享受人生，每个人都是在享受人生，（我）最大的享受就是自己工作做好了，做出成绩来。"

论"考试"

"开卷考试"是王振义坚持了18年的"查房法"。考试的做题人是王振义，而出题人和考官则是他的学生，题目是他们在临床中碰到的最棘手的疑难杂症。每次查房，当学生们向王振义提出问题后，王振义就将问题记下，回家后查阅资料文献并形成自己的分析方案，每周四和大家一起讨论，共同答卷。

有一次，王振义在"开卷考试"前一天摔跤，扭伤了腰部。对于97岁高龄的王振义来说，不慎摔跤可能造成的后果不敢想象。王振义到医院做了吸氧治疗，不顾学生、同事的反对，吃了止痛药之后依然坚持来参加这次"开卷考试"。让王振义这样不顾自己的身体、坚持参加"开卷考试"的原因，不仅是他有着带伤战斗的干劲，更是因为这次的病人并不是王振义所属医院的病人，而是从其他医院转院来的，这就导致王振义的学生们有可能拿捏不准病人的情况。而且最重要的是，病人的情况非常危急，病人患有一种属于融合基因的髓系肿瘤。这种罕见的基因有什么特点，与常见的髓系肿瘤的发生、发展又有什么关联，目前都没有定论。而病人又有许多等待敲定的治疗方案与决策，急需在这次会议上做出诊断。

其实早在王振义刚刚拿到题目时，他就开始查找资料，思考这个病人患病的关键是什么。在医学上，要想治疗一种疾病，就必须找到疾病的关键点，但是寻找的过程就像做排除法，首先要找到有哪些可能，再一个个去核对排除，最后才能得出一个结论。进行这样一个过程，王振义一共用了三天的时间。在这三天里，他一共看了将近200篇学术文章，最终在形成了完整的思路之后，他亲手做了一份长达30多页的PPT（演示文稿）。

在"开卷考试"现场，王振义打开电脑，一边讲解，一边用他自己做的PPT进行演示。PPT详细记录了这个病例的信息，从发病原因、临床表现、临床要解决的实际问题，到良性和恶性的区别、治疗效果、如何分类等，通过一张张图表，将一组组数据清晰地呈现在"考官"面前。演示结束后，针对"考官"们的各种提问，王振义仍会不顾疲惫、耐心细致地回答。

很多人不理解，为什么王振义要这样坚持花费大把时间亲力亲为。但王振义永远记得，当他还是一个学生的时候，他的老师邝安堃上课从来不带讲义和课本，一支粉笔加一块黑板，就是邝安堃给学生们上课需要的所有东西。当时还是学生的王振义很喜欢听这位教授生动而有趣的课。邝安堃有次在课上总结自己教课的方法时，提出了他对自己讲课的四个要求：一是教的东西自己必须熟悉；二是备课要根据世界医学的最新发展进行增减；三是要根据不同的对象确定教学方法；四是要脱稿讲课，精神饱满，语言清晰。邝安堃严谨的教学理念和严格的教学作风，在王振义的心里打下了深深的烙印。

在年轻的王振义进行临床诊疗和学习期间，他一个人就要管理48个床位。上午查病房，晚上值班，第二天在传染病房值班，又要看护几十个病人，好不容易等到天亮再去查房，直到第三天下午才能轮到休息。尽管如此，王振义依然在认真完成每一项临床工作的基础上，挤出时间向老师求教。这样的经历让王振义意识到，给年轻医生们结合实际病例进行充分思考、学习的时间和机会是非常重要的。

王振义很喜欢他带的医生们提出新的思考去反驳他，质疑他的观点。因为在王振义还是学生的时候，他就曾在一次查房中发现了他的恩师邝安堃的错误。而当邝安堃听到了王振义指出他的错误之后，他并没感到不悦或者恼怒，而是积极地鼓励王振义把内心真实的思考和想法表达出来。当王振义讲完他的全部思路之后，邝安堃对所有的学生说："刚刚王振义讲得很对，疗法虽然是新的，但是必须结合临床实际才能发挥它的作用。所以这个疗法具体如何实施并不重要，重要的是为什么会产生这样的疗法，思路是怎样的，其中蕴含的医学理念是什么。这些远远比疗法本身更具启发性。"这件事让王振义明白，只有鼓励年轻的主治医师们多思考、多发表看法，才能更好地培养新一代的医生。就这样，为了培养后辈，王振义带着主治医师一起去攻克那些他们独自解决不了的疑难杂症，以自己丰富的经验和思考方式在前方披荆斩棘，而后辈可以顺着他的思路逐渐在实践中学习成长。

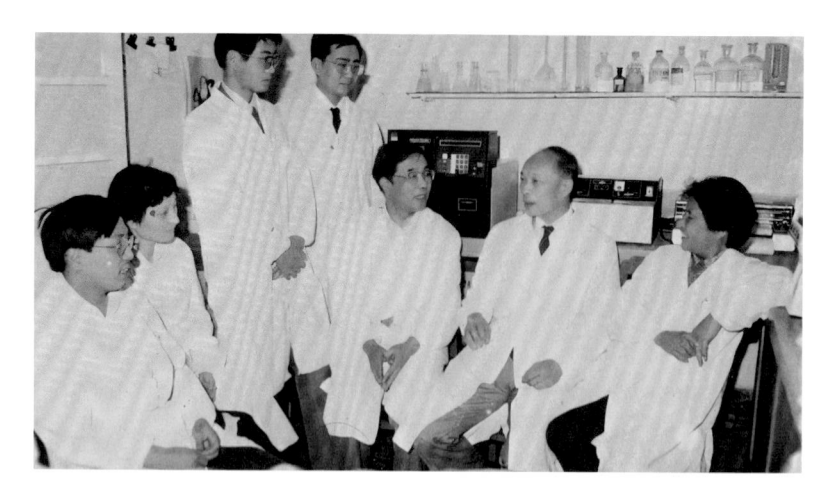

王振义（右二）与同事们在一起

　　刻苦钻研，理性思考，一直是每个研究者应具备的能力。在"解题"过程中众多医疗相关信息的轰炸下，王振义所能做的就是默默地记录每一处细节，将需要讲的每一个章节都用PPT展示出来。如果实在记不住，那就在家里慢慢思考形成思路，再花两三天的时间琢磨怎样解决问题。用这种思考模式，王振义成功地将这个在世界上仅有两例的病例攻克，这不光需要大量的知识储备，更需要细心琢磨其背后原理，其中就包括引用一些在互联网上找到的全世界前沿的科学资料。王振义不是简简单单地将每个人的理论搬到面前，去抄袭拷贝，这个过程更像是全世界的专家坐在一起，利用彼此的研究成果，将理论化为实践，为人类自己所用，为病人所用。

论"热爱与坚持"

两个小时后,"开卷考试"终于结束了。年轻医生们会把王振义做的PPT拷贝到U盘里,作为最新教材应用到实际治疗中去。同时,PPT的内容也会被编辑成册。作为"开卷考试"结果的汇总,《瑞金医院血液科疑难病例讨论集》已经出版了三册,全国所有医院的血液病医生都可以从中受益。

紧接着,王振义将投入下周"考试"的准备。通常王振义需要两到三天的时间准备每次的PPT。在这段时间里,他需要精神高度集中地处理高密度的信息。对于已经97岁的老人来说,在电脑前度过高强度的三天无疑需要尽全力,而为了医学事业,王振义可以做到。当一个人可以为一件事情付出全力时,那么他大概率会为这项事业做出巨大贡献。王振义在2002—2021年发表的众多文章,不仅证明医学无止境,而且见证了王振义对医学的热爱。面对茫茫书海,97岁的王振义迎难而上,不仅用关键词查找这样省时省力的方法,在电脑前将相关文献全部研读完毕,甚至睡觉时突然想到问题也要爬起来查,查完问题再继续休息。对于年轻人来说,这是一次头脑风暴,是一次挑战,但对于97岁高龄的王振义来说,这样的热爱和坚持更是难能可贵。

但是,做出贡献不光要辛苦付出,也要有处理困难的技巧。有些时候,放松也是学习的一种方式。这几年来,每次这样的"开卷考试",也都是对王振义身体的一次"大考"。每完成一次

"开卷考试",他都会听一段交响乐,玩一会儿纸牌游戏,这是他在工作生活中最放松的时刻。

在放松的背后,是无时无刻不在接受训练、每时每刻都想要提升的王振义。纸牌游戏能够锻炼脑力及视力,王振义每次玩游戏最少能拿 3 000 多分,最多能达到 6 000 分。这为他做 PPT 打下了体力基础,同时,难以学习电脑和网络操作的他,也能通过这种方式提高使用电脑和网络的熟练度。

俗话说,活到老,学到老。72 岁时,王振义就开始自学电脑,于是就有了会议上的自制 PPT。他知道,解决问题不光要靠人力,还要靠外力。自制 PPT 不仅能有效地传达个人的观点,还能集合重点,对问题进行突破。此外,网络提供的大量文献,形成了一个广阔的知识数据库,再加上"开卷考试"的锻炼,使得王振义成为著名的医学家院士。

论"解决难题"

任何时候遇到难题,王振义首先想到的都是翻阅所有资料,再独立思考寻找答案。急性早幼粒细胞白血病是一种非常凶险的病,死亡率很高,是白血病中的头号杀手。罹患这种疾病的病人,很多都是刚刚发现有症状就去就医,还没来得及治疗就去世了,王振义每次看到这样的病人都非常心痛。

20 世纪 80 年代,王振义从文献中了解到,白血病在一定的条件下可以发生逆转，癌细胞能分化为正常细胞。还有一种叫13-顺式维甲酸的分化诱导剂可以治疗急性早幼粒细胞白血病，这让他看到了一个新的治疗方向，并很快开始尝试研究。但诱导分子治疗癌症的方法从来没有人用过，王振义也不知道他的设想能否成功。

1986年，"001号"病人出现了。上海市儿童医院血液科收治了一名5岁的小病人。经过一周化疗，孩子仍然高烧不退，还出现口鼻出血、血尿等情况，生命危在旦夕。王振义提议试试自己的治疗方案。这种疗法前所未有，但眼看着孩子每况愈下，孩子的父母还是抱着一线希望同意了。让他们没想到的是，就是这个决定挽救了孩子的生命。

一个疗程后，孩子的病情得到有效缓解，并在一段时间后实现完全治愈。"001号"病人的治愈，给所有人带来了信心。那一年，王振义和他的团队共收治了24例病人，其中23例的病情得到了完全缓解，剩下一例的病情加上化疗也得到了缓解。病情完全缓解率在90%以上，而且没有其他合并症，这一治疗效果在当时的医疗条件下堪称奇迹。

对于这种疗法，王振义教授比喻说："关于肿瘤细胞，就像自己的孩子中有一个变坏了，我是打他呢，还是教导他呢？过去的治疗方法就是一定要杀掉肿瘤细胞。这样做，不仅把肿瘤细胞毒死了，正常细胞也受到了严重的损害。而我们对这个治疗方法的研究，叫诱导分化，就是劝导它不要做'坏人'，而要做'好人'，弃邪归正。"正是因为王振义的"独辟蹊径"，急性早幼粒细胞白血病成为人类肿瘤治疗历史上首种可被治愈的肿瘤病。

科学是人类的智慧进步发展的结晶，王振义一生都在医学方面不断探索钻研。

采用诱导分化治疗方法第一年，他几乎以99%的痊愈率展现了个人的医学风采，这不仅让他乐在其中，也让他知道了科学是随着历史的潮流和社会的更替而不断发展、不断进步的。如果跟不上形势，就不能治好病人，为年轻人做榜样，一些疑难杂症也就无法得到解决。

王振义认识到，实践决定认识，如果一步做不到，那就学，从而为下一步做好准备。科学的研究就像是没有尽头的海，作为一名医生，绝不能停下前进的脚步。

在成果面前，王振义第一想到的不是专利，而是病人，这也许才是医生的本质、本职，也是本分所在。而这盒10粒装的白血病"救命药"仅售290元，还纳入了医保。"救命药"如此廉价是因为王振义一开始就放弃了专利申请，放弃了可以让自己躺着赚钱的机会，可谓医者仁心。

无私奉献的背后，也有令人心酸的一面。

王振义从始至终都在为治疗急性白血病而努力拼搏，在他看来，作为共产主义的受教育者，公共利益要大于个人利益。对于一名医生，最重要的就是病人的生命，虽然治好病人能拿到钱和名誉，但是在王振义看来，这些并不重要。

但是，过分专注的王振义因此而忽略了自己的家人。因为疏忽，弟弟的结肠癌早期并没有被重视，等到晚期的时候，弟弟的肠子已经阻塞，一位劳动模范、先进工作者永远地离开了王振义。人死不能复生，王振义也对这件事做了充分的反思，他愿救治更多的人，来弥补对弟弟的亏欠。

论"家风"

1924年，王振义出生在上海公共租界的一个富裕家庭，父亲王文龙当时在上海的保险公司工作。王文龙给几个孩子取名"仁、义、礼、智、信"，他不允许孩子们沾染一点儿富家子弟的做派。"做一个好人，一个老实人。"

刻苦学习、诚实守信一直是王振义的个人信条，这也归功于王振义的父亲。父亲一直教导王振义好好学习，努力工作，诚实守信，无私奉献。

王振义的传记中有这样一句话："人应该从为自己想到为别人想，从为自己活到为别人活。"短短一句话，体现了王振义的博大胸怀。母亲告诉王振义，在做任何事之前要考虑别人的感受，考虑国家的感受，最后再考虑自己的感受。这从表面上看是一种逞能，但是对于王振义来说，这是他一直遵守并执行的信念。

"不因贫富而歧视，并当尽瘁科学，随其进化而深造，以期造福于人群。"在王振义的书桌上，珍藏着一份"震旦大学医学院毕业生的宣誓词"，这是他自己打印的。在他的心中，大学校园里的誓言，仍然字字不能忘。做个好人，做个有用的人，一切为了别人——从小学、中学直到大学，王振义做人的准则从未改变，就如同他的求学之路连起来能画成一个圆一样。在这种精神力量的支撑下，王振义先后培养出陈竺院士、陈赛娟院士、陈国强院士，"一门四院士"被传为佳话。在上海血液学研究所，师徒接力寻求攻克白血病，让中国声音传向了世界。

在培养学生的问题上，王振义认为，一个人优秀的前提在于知识的储备和经验的学习。谁也不是天生就什么都会，只有不断地学习、不断地犯错、不断地思考，才能打下良好的基础。比如陈竺，王振义之所以挑选他当自己的学生，是因为他勤奋工作、独立思考，还能不断提出问题，能解决就解决，不能解决就想办法解决。这是学习能力的培养，也是个人能力的储备。

这些年，王振义获得的奖金超过千万，他几乎全部捐了出去。在他看来，要把奖励留给那些勇于探索的年轻人。他自己从1992年开始就屡屡得奖，但他希望能把这些奖颁给其他对社会有用的人。王振义的年龄越来越大，但其实他很早就把遗嘱写好了。在这份遗嘱里，王振义决定将多年当医生的积蓄拿出来给自己的病人。他认为，这不是他一个人的奖，而是大家共同的奖。这些钱可以给那些付不起钱的人看病。王振义觉得人与人之间是平等的，不能在自己富裕时忘记穷人，不给予穷人帮助。

如今，王振义依然住在瑞金医院给他提供的单元房里。王振义说，等他百年之后，这套房子是要还给医院的，他和医院签订

2012年，王振义院士（左）获第七届圣捷尔吉癌症研究创新成就奖

了合同，子女不能继承。在单元房的一个房间中，保存着王振义的夫人用过的物品。夫人已经去世10余年，王振义的心里始终惦记着她。

论"爱情"

王振义是众多病人的福音，也是爱情当中的酿蜜人。对夫人的感情，王振义始终没有忘记，他一直记得爱人喜欢白玫瑰。

他知道，在他的生命里，病人第一，然而夫人却是唯一。所以他几乎每个星期都要买一次鲜花，后来实在没时间买鲜花，他也要买一束假的。但不管是真花还是假花，在花团锦簇中，王振义夫妇金婚的照片一直是最温馨的存在。

王振义的夫人谢竞雄曾是上海新华医院的儿科医生，20世

王振义夫妇结婚照

纪70年代初,谢竞雄率先在国内创建儿科血液专业组,并带领团队在医院小儿内科开展儿童白血病的临床研究,王振义治愈的"001号"病人最早就是谢医生收治的。在她80岁的时候,阿尔茨海默病击垮了这位医界女杰,从那时候起,照顾夫人就成了王振义最上心的事情。

王振义曾经说,他的夫人生病以后,两个人的感情比以前更好了，以至于很多人想知道他们两个人在一起的时光是怎样的。王振义说："我的夫人，我们结婚并不是通过什么大学介绍的，也不是去追求的，这个不是的……因为在我大学二年级的时候，震旦大学上课都是访问上课，我的夫人是从英文学校转过来的，所以她一开始听不懂，她就听我的辅导课……有一天下午，我帮助大家了解这个课程，她来听了，听了以后她就觉得这个男孩子不错，是有善心的。刚好我们两个人住在同一条路上，那个时候我有自行车，她就坐我自行车的后座回家。她讲：'我住的地方就在你家那条路边，都在上海。'这么一来，感情就建立起来了。"

感情美满的背后也有着无法弥补的遗憾。夫人最后的病成为王振义生活的重心，谢竞雄患上了常见的阿尔茨海默病，基本治不好。作为丈夫的他只能做好自己应该做的，在旁边鼓励她、照护她。

更让人心酸的是，因为年龄大，身上难免会有些味道，王振义不得不花 900 多元钱买了一瓶高级香水。但之后，夫人慢慢地连人都不认识了。不管王振义用什么样的办法，这个病都无法根除，但是他并没有放弃对阿尔茨海默病的研究。

论"品格"

王振义觉得，牡丹的特点就是牡丹花大都是从石头缝里长出来的。牡丹之红不源于自身,而源于四周的石头。就像当时的王振义,条件艰苦,没有钱,他能有今天的成绩,靠的是路上每一个人对他的帮助。王振义始终认为,虽然他能做出成绩,成为牡丹,但他更要感谢牡丹周围的石头。没有那些石头,哪儿来的牡丹呢?因此王振义并没有骄傲自大,他认为自己只是做了身为医生应做的力所能及的事情。

"追求卓越,保持清贫。"这就是王振义老先生人生品质的总结。

采访对话

事必躬亲，学术路上需不断探索

王宁：我注意到您刚才在讲解的时候，引用了很多文献中的数据，您怎么能记住那么多信息？

王振义：我每章都要有PPT，不用PPT，我就没法儿讲，我没有这么好的记忆力。我这个思路是在家里形成的，我会花两三天的时间。所以我告诉他们这些年轻的人，我王振义没有什么特别的，我唯一的优点是会"偷"。

王宁：这叫引用。（笑）全世界前沿的科学，人类都能用，考验的是你会不会用。

王振义：我在电脑上面查，查的时候我就"偷"了，我今天的依据是什么依据，为什么我要依据这个？那是全世界的专家一起做出的成果。我利用人类研究的成果，目的是为人民。

王宁：您的那个PPT，有几十页之多，都是您自己做的吗？

王振义：我可没有制图助手，全部都是自己做的。

王宁：您可是70多岁才开始学的电脑。

王振义：我72岁开始学的。

王宁：72岁，好多人退休都十几年了，很难再学习新东西了。

王振义：院里面说，你再做下去吧。那么我总得有工具，靠老本的话，我是生活不下去的。但是工作之外，我照样睡觉、照样吃饭，这个就是锻炼出来的，你晓得我做"开卷考试"已经十多年了。

独辟蹊径，打败最凶险的白血病

王振义：急性早幼粒细胞白血病是一种非常凶险的病，死亡率很高，是白血病当中的头号杀手。我作为医生看到这种病人，今天看了以后，三天以后就死掉了，我不会心痛难过吗？我就想，为什么会这样呢？我注意了这个病的治疗，看文献，以色列有相关文献已经讲过了，肿瘤细胞可以转化，所以我就试了。

王宁：而且，您利用反向思维，要反着来？

王振义：一定要想到反向思维，这是学术研究中最重要的反思精神。同时，这里面起作用的关键，是我找到了病例。医院里第一个病人是我夫人提供的。

王宁：为什么这么说？

王振义：她是儿科医生，这个病人正好在她的医院里。

王宁：一般来说，一个病人得到了救治，就意味着相同病例的问题都可以迎刃而解，为什么您仍然做了3年？

王振义：我第一年治疗了24个病人，23个病人完全好了，我开心得不得了。一生不断地探索，不断地钻研，就是这样进步的。如果我跟不上形势，不晓得现在怎么讲，我怎么教年纪轻的人？我怎么解决人家解决不了的问题？

王宁：您的意思是，医学上的每一项成就，都只不过是进步中的一个驿站而已？

王振义：只是一步，不是终了。科学的研究是没有终了的，总要一步步地往前走。我的进步就是靠这个动力和信念，只要能解决病人的问题，我就要去学。学什么呢？就是虚心地学习人家的经验，然后自己做。

不慕名利，行医为天下人民

王宁：您终于研制出了治疗急性早幼粒细胞白血病的药，为什么您坚持不申请专利，而是要向国际公开？

王振义：你首先要解决病人的问题。解决问题以后可以赚到钱，或者我的名誉可以提高，我不会想这个问题，我只希望病人能好。

王宁：我们在网上看到您的学生说，您很早就把遗嘱写好了。您要把您这么多年当医生的积蓄，拿出来给您的病人用。

王振义：捐款的问题很简单，你在富裕的时候要想到穷人，要给穷人帮助，所以我得到未来科学大奖以后，我把奖金捐给了医院，给凑不起钱的人看病。我想法的来源就是我的母亲告诉我，要想想别人，人跟人之间是平等的，我一个人富起来，应该想到大家。

这些年，王老获得的奖金超过千万元，他几乎全部捐了出去。王老爱花，尤其是牡丹。他说要有进取的雄心，像牡丹一样开得

王振义先生同我讲述牡丹之特质（图中墙上是一幅牡丹画）

热烈，但要对名利看得很淡。所以王老家的牡丹画作，叫作《清贫的牡丹》。

王振义：清贫的牡丹生在石头里面，这句话更能够反映我的来源。石头里面怎么会生出来牡丹呢？这就反映了在艰苦的条件下做出工作，做出的成绩应该是红的。但是为什么是清贫的？其实就是，你生出来靠的是石头周围的这些营养，靠的是大家的共同努力。因此，你有了名气就能骄傲了？我不是的，我没有以为我自己做了很大的事，我做了医生该做的事情，我不能唱高调。

夫妻情深，十年生死仍难忘

在单元房的一个房间中，保存着王老的夫人用过的物品。夫人已经去世 10 余年，王老的心里始终惦记着她。

王宁：这束白玫瑰是仿真花？

王振义：这个是假的。原来我一直买真的，这两年伺候不过来了，换成了假花，但是一定要是白色的，她喜欢。

王宁：花的下面有一瓶香水，也是您买给他的？

王振义：是的。她生病以后，仍然喜欢干净和清香。我觉得做丈夫的，应该在这个时候尽最后的努力，老年痴呆症（阿尔茨海默病）要治疗有很重要的条件，就是亲人在旁边经常鼓励。所以那个时候就是我去照顾她。她因为是老年人，身体总是有味道，我去买了高级的香水，900多块钱一瓶，给她喷。最后还是没有办法了，慢慢地，人都不认识了。

王宁：这个病到现在也没有找到更好的办法来阻止。

王振义：是的，没有。所以现在老年痴呆症的研究工作还是在不断地继续。

采访手记

为解人类疾苦而来

唐朝医学家孙思邈在《大医精诚》中说:"凡大医治病,必当安神定志,无欲无求,先发大慈恻隐之心,誓愿普求含灵之苦……勿避险巇、昼夜、寒暑、饥渴、疲劳,一心赴救,无作功夫形迹之心。如此可为苍生大医。"在采访王振义老先生之前,我读到了这段话,认真地记了下来。

采访王振义的前一天,他在家里摔了一跤,虽然不是很严重,但是对于一个97岁的老人来说,任何摔跤都是一件极其危险的事情。尽管这次的采访我准备了很久,团队也已经从北京赶到上海,但我们都不忍心做任何说服或者劝导,只是静心等待。第二天一大早，当王老拄着拐杖颤巍巍地出现在医院门口时，我赶紧冲上去搀扶他，说："谢谢您能接受我们的采访。"王老却笑着说："说实话，今天我们的采访不重要，我的'开卷考试'可不能缺席。"这就是王振义老先生70多年一以贯之的理念：给病人看病，是最重要的事。

"开卷考试"，是王老坚持了近20年的"查房法"。出题人是他的学生，题目是他们在临床中碰到的最棘手的疑难杂症。王振义老先生在接到考题后，会查阅大量的文献，形成自己的分析方案，做成完整的PPT，在每个周四和所有医生一起讨论，共同答卷。王老开玩笑说，自己做的是"网络转化医学"。"现在我的学生们临床科研工作实在太忙了，没有足够的时间广泛阅读文献，那就由我来替他们泛读，精选给他们去细读，然后进一步消化，再由他们应用于临床。简单说，我来做他们的拐杖。"这让我不觉想起《中庸》里的治学准则：博学之，审问之，慎思之，明辨之，笃行之。97岁的王振义老先生一生都在践行这条准则。

一次"开卷考试"，我征得王老的同意，坐在他的身后旁听。在现场，王老打开PPT，30多页详细记录了病例的信息，包括发病原因、临床表现、临床要解决的实际问题。王老用激光笔指点着每一页上五颜六色的表格、数据和分析，逐页阐述着自己的观点，讲了将近两个小时。王老声音洪亮，讲述清晰明了，完全看不出他是一早吃了止疼片才能坐直的。讲解完，王老又起身赶往病房，他要再仔细地看看病人现在的情况。时间临近中午，王老又回到会议室,通过分析讨论,结合临床观察,最终找到了最适合病人的诊疗方案。"考试"结束,我抬眼看了一下投影仪旁的时钟,早已过了午饭的时间。

在王振义老先生办公室的书桌旁,我看到一份"震旦大学医学院毕业生的宣誓词"。"余于病者,当悉心诊治,不因贫富而歧视,并当尽瘁科学,随其进化而深造,以期造福于人群。""余于正当诊金之外,绝不接受不义之财。"这两句话被王老手动加黑加粗了。半个多世纪前走出大学校园时说出的誓言,字字不忘,句句在心。白血病的一种——急性早幼粒细胞白血病,早在30多年前就被王振义老先生攻克,治愈率高达九成。这种白血病也成了全球最早能被治愈的癌症。之后,他放弃了治疗这种病的救命药的专利,将其献给全人类。"直如朱丝绳,清如玉壶冰。"比医术更伟大的是人格,是仁心。

走进王老家不到10平方米的书房,我一眼就看到了两台40英寸[1]的超宽屏幕电脑,几乎占据了一整面墙。如果不是亲眼看到王老在电脑前熟练地操作,我会认为自己误闯了IT(信息技术)工程师的居家操作室。为了准备好每一场"开卷考试",王老要在书房里忙碌好几天。近期,为了更好地准备"开卷考试",他专门买了一台新电脑,新电脑是苹果MacOS系统,与以前用的Windows电脑系统完全不同。可是他一点儿也没有畏难情绪,向

1　1英寸为2.54厘米。——编者注

年轻人学，向书本学，感受自己一点一滴的进步，很快就把这套新系统玩转了。

为了保持敏锐的思维，他在完成"开卷考试"后常常会听一段交响乐。他最爱肖邦。谈及肖邦，他说，世人常把肖邦的音乐与诗人和梦幻连接，殊不知，肖邦是最富激情的爱国艺术家，他选择用音乐保卫自己的祖国。肖邦一生创作了四首钢琴叙事曲，其中《G小调第一叙事曲》表现了肖邦强烈的爱国主义精神和伟大的英雄主义气质。"人生若尘露，天道邈悠悠。"唯有家国之志，是人无穷尽的生命源泉，涌动不息。

听一会儿音乐后，王老会选择再玩一局纸牌游戏。这种状态，被他称作"换脑运动"。对他而言，学习这件事在他的生活中从未中止。60岁开始学英文、72岁开始学电脑、90多岁还在参加"开卷考试"，将近百岁高龄的他仍然在为解决最复杂的医学问题而勤奋地学习，这样的人生真是可爱又可敬。

尽管一生救人无数，但医学永远有遗憾。采访中，王老带着我推开了逝去老伴儿房间的门，整理了她最爱的白玫瑰。在夫人的照片前，王老和我说起了往事。有一次他去新疆参加一场活动，当时夫人已经去世多年。活动结束后，他不顾疲劳，坚持去了天池，只因夫人30年前在天池拍过一张照片。"果然这么美啊"，王老感叹着，也对记忆唏嘘不已。他念念不忘的不是风景，而是看风景的那个人，那个牵手一辈子的知己。

在夫人罹患阿尔茨海默病的最后时光，王老悉心照顾，用心陪伴，但他仍觉得做得不够。他告诉我，相爱的人要记得，在年轻的时候，无论多忙，都要用心陪伴。时间从不等人，等来的都是遗憾。说到这里，他转过身去，再回过头来，眼里有泪水滚落。

痛失至亲，王振义期待医学后辈立下雄心、攻克病魔。他对名利看得很淡，近些年，他把自己获得的国家最高科学技术奖、未来科学大奖的近千万元奖金都捐给了研究机构和需要治疗的病人。

采访结束当天，恰好赶上王老97岁的生日。我们送给他的生日蛋糕是可爱的小熊形状。在我的眼中，王老虽然胸中有丘壑，眼里存山河，却仍是白发少年郎。他见到小熊蛋糕极为喜欢，大

王老在切蛋糕

笑不已。他许下的生日愿望也和同龄人不同,不是常见的"健康长寿",而是还要为人类多做贡献。"随其进化而深造,以期造福于人群",为了这样的使命,他把一辈子活出了两辈子的时间。

从王振义老先生家离开,11月的上海微风拂面,绿树成荫。1830年11月2日,在肖邦踏上奔赴维也纳的旅程之际,送别的友人拦住了他的马车,送上一只盛满祖国泥土的银杯,并深情唱道:"不论你在哪里逗留、流浪,愿你永不将祖国遗忘,绝不停止对祖国的热爱,以一颗温暖、忠诚的心脏。"

―― 寄语 ――

清贫的牡丹
人生之道

王振义
2021.11.26

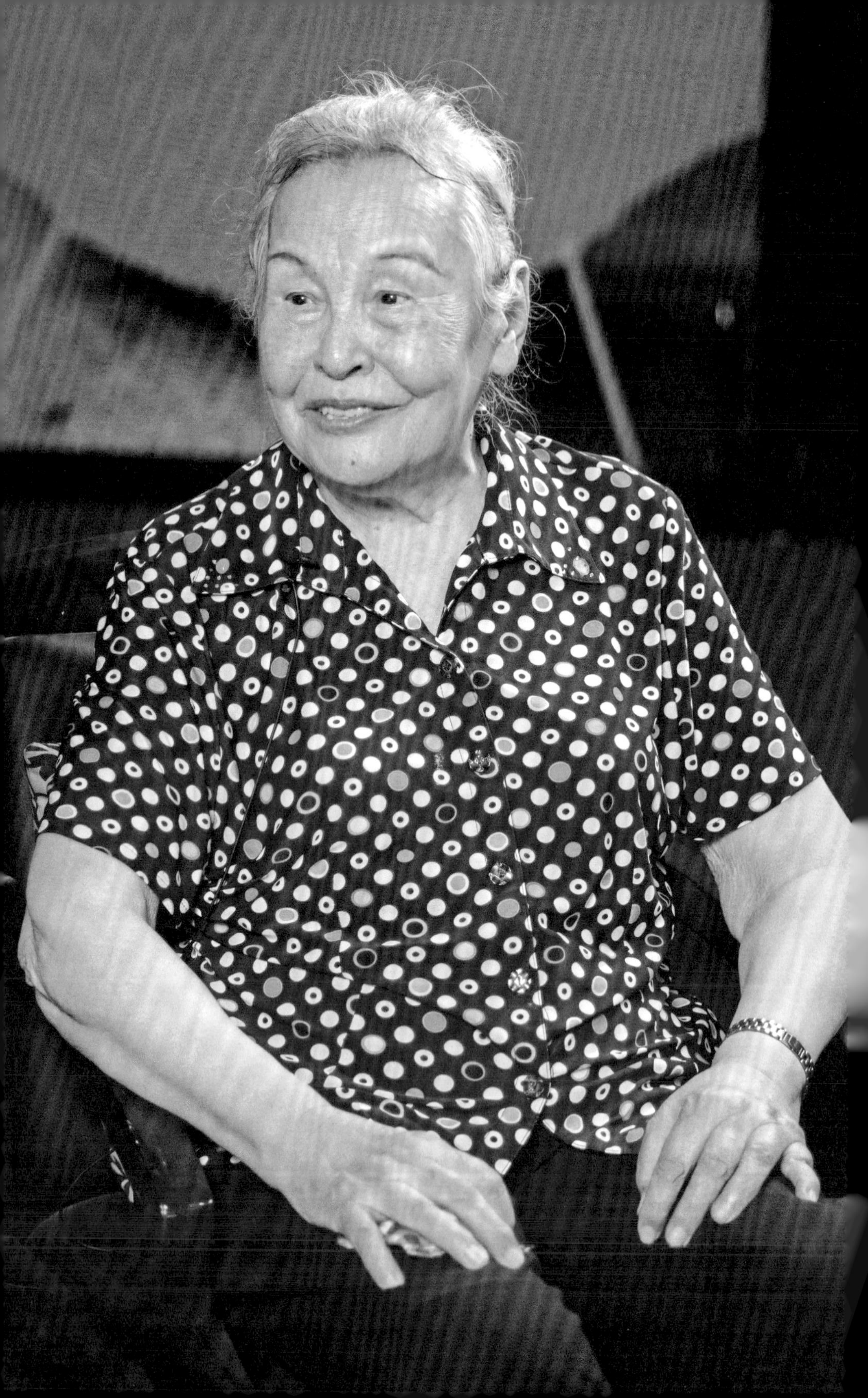

郑小瑛
音乐岛的旅游大使

郑小瑛，1929年出生于上海，中国第一位交响乐女指挥家、中央歌剧院终身荣誉指挥、郑小瑛歌剧艺术中心艺术总监。曾任中央音乐学院指挥系主任、中央歌剧院首席指挥。曾成功在20多个国家指挥演出，获法国文学艺术荣誉勋章和两枚俄中友谊荣誉勋章、中国歌剧事业特别贡献奖、文华指挥奖、中国音乐金钟奖终身成就奖、"全国三八红旗手"称号等。

人物小传

盛夏的鼓浪屿，伴随着音乐，阳光洒落在鼓浪屿的最高点——日光岩上。鼓浪屿被誉为"与音乐结缘的小岛"，住着数以百计的音乐世家。走在大街、老房、小巷之间，你经常可以听到从街边和周围的人家中飘来的阵阵钢琴声与音乐声。码头上有一座雕像，欢迎所有来到鼓浪屿的游客，但鲜有人知道雕像人物到底是谁。这座雕像雕刻的人就是本文的主人公，一位不被人熟知的"旅游大使"——郑小瑛。

专业老师与业余演员的同声相应

要想找到郑小瑛可不容易，对1929年出生的郑小瑛来说，年老之后就一个字：忙。她是中国第一位女指挥，曾担任中央音乐学院指挥系主任、中央歌剧院首席指挥，也是第一位登上国外歌剧院指挥台的中国指挥家。要想找到她，只能去她排练的地方——鼓浪屿的公交特运驾校。没错，郑小瑛歌剧中心的排戏场地就在公交集团的公交特运培训中心。

我们问她为何在公交集团的驾校里排练，郑小瑛笑着说："因为我们郑小瑛歌剧中心是个民办单位，没有经费。公交集团他们盖好了这个楼，才发现上面这些层公交车进不来，因此报废了。他们就在上面办驾校、考试，有一些教室。"看到记者热得够呛，郑小瑛笑着打趣道："这个厅正好空着，你看这个厅，这边还有空调的出气孔，热气……非但没有冷气，还有外挂的热气。这些朋友都是下班以后再来，在这么热的天气里，大战三伏，战高温。"

这时的鼓浪屿气温已经达到了33℃，这样一个有些狭窄拥挤的地方，一下子挤进来这么多人排练，室内的气温已经快达到37℃。在这样的温度下，所有群众演员都汗流浃背。而他们中的绝大部分人都只是唱歌爱好者，平日里有自己的工作，下了班来这里练习。在现场，一位保安大叔给我们表演了一段歌剧，声音十分动听。他之所以可以如此专业，是因为他们都是在专业导演的指导下学习的。

2021年，郑小瑛给这群业余演员排演了一部剧《快乐的寡妇》。这部剧里不仅有常规的歌唱元素，还有较难的舞蹈元素。对专业的歌舞剧演员来说，一部剧里包含"歌""舞"两种元素是正常的事情，但这对在业余时间参加排练和演出的群众演员来说就成了一个难题。群众演员唱歌都还是业余水平，更没有跳舞的基础。这也让教群众演员的舞蹈老师非常头疼，只好一点点教他们，告诉他们节奏到底在哪里，群众演员像上舞蹈初级班一样顶着高温努力学习。时间赶得紧，负责舞蹈的老师也感觉压力很大。但郑小瑛依然坚持着，慢慢带领群众演员一点点学，一点点练。

让歌剧走进每个人的人生

在郑小瑛的排练场地上贴着这样一句话："让歌剧贴近大众，让大众走进歌剧。"郑小瑛一直认为，让艺术和大众接触这件事情，是需要有人来领头做的。她相信，艺术对于塑造人生十分重要，而她做的事情，不管是交响乐还是歌剧，都是需要物质投入的。但是人们常常在物质上有了发展，就忘了文化的发展，不知道挣到钱以后怎么提升自己的生活。但是她没有放弃，你不认识，她也做，她相信这是值得的。她说："我们很感谢有人给我们介绍了这个地方。不过这也是我的一个问题，我一直想要为大众做一点儿事情，做一点儿文化，做一点儿普及……因为我觉得歌剧不应该只是某些上层的音乐爱好者享有的，它应该是为大众服务的。这是一件很具体的事情，不是一个口号，就是我所提的，让歌剧贴近大众，让大众走进歌剧。"

郑小瑛歌剧中心

组建郑小瑛歌剧中心，是因为郑小瑛曾经有一个机会加入北欧的一些小国家的歌剧团体，跟他们一起表演歌剧。她发现，北欧国家的很多做法，中国都可以借鉴。

在那里，很多人都参与到歌剧之中，有很多普通人就是靠加入合唱团来走进歌剧的。主角去请国家歌剧院的角儿，专业的乐队，专业的高水平主演，加上训练有素的大众合唱团，就这样"高低搭配"地演歌剧，既节约又非常大众化。

北欧演出的民众给郑小瑛留下了很深的印象。这些群众演员的马是从家里拉出来的，服装用的是他们家里的家底、祖父等老人的，这些衣服拿来就穿上，穿在身上没有丝毫违和感。有些演员是学校的老师、职员、其他演员的亲戚，参与歌剧的都是社会上相互认识的普通人，彼此介绍来到了这里。他们之所以愿意毫无顾忌地参与其中，并不是因为他们天生就喜欢唱歌，仅仅是因为他们有这种参与歌剧的理念。

音乐该是人生的一部分

为什么一个城市需要音乐呢？

人们都有一个普遍的认识——经济发展之后，比较的就是文化，经济发展的目的在于提升人民的生活素质，这就涉及文化，涉及人的精神收获。

中国有各种所谓音乐培训班，还有音乐陪练，说明中国的音乐培训市场很大、很繁荣。家长希望子女考上重点学校，有时会选择走音乐特长的路子，投入巨大的成本。郑小瑛不理解：怎么音乐教育反而走向了功利的那一面？因为她们那一代学音乐的过程完全是很放松的，郑小瑛个人的成长之路是很放松的，音乐一直是她人生的重要部分。她认为，中华民族作为一个正在前进的民族，应该能够享受人类的智慧精品，而且能够吸收它的营养，创造更高的文明，这是从事艺术的人应该有的理想。她说："我要搞阳春白雪，但是我希望和者日众，哪怕一天多一个人应和，那也能让我感到欣慰。"

与音乐结缘

在我们的印象中，歌剧一直是"上流的""高雅的""不平常的"，似乎和平常老百姓沾不上边儿，但是郑小瑛大半辈子的追求恰恰是将歌剧这种"贵族的"艺术带给广大群众。要说为什么，还要从她的成长经历说起。

郑小瑛与音乐结缘，最初是6岁在家里学钢琴，但她8岁不到，抗日战争就进入全面抗战阶段，战争席卷了中华大地，郑小瑛一家逃难到四川。直到郑小瑛上了初中，教会的女中有钢琴班，郑小瑛才得以继续学习钢琴。

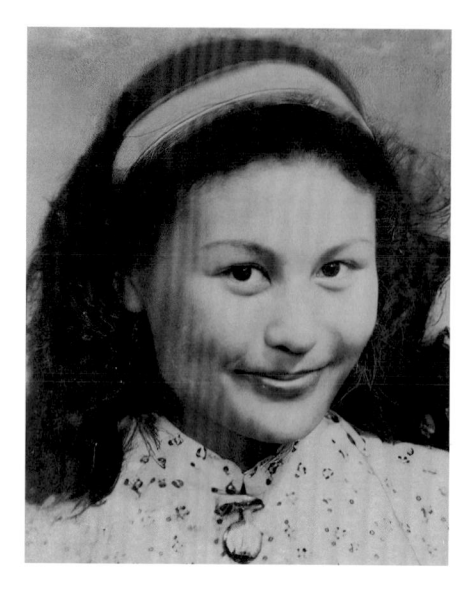

郑小瑛

郑小瑛的母亲是一名追求新潮的进步女性，无论在什么时代，她都愿意走在时代的前列。郑小瑛的母亲小的时候裹脚，后来五四运动提倡放脚，男女平等，她便主动放脚。她听说上海有女子体育班，于是一个人从重庆跑到上海去学习体育，那时从重庆去上海比现在从重庆去美国还难。学成回来以后，她在师范学校教体育，有人给她介绍了后来郑小瑛的父亲，后来她作为一个穆斯林女孩顶着脱离家族的压力到上海跟郑小瑛的父亲在教堂里结了婚。

郑小瑛的母亲对待郑小瑛十分严格，自己会什么，就要求女儿也掌握。但正是这种严格的教育成就了今日的郑小瑛。郑小瑛人生中感到最遗憾的事情,是母亲没有看到过自己指挥,她心里头一直很歉疚。母亲为女儿的音乐成就尽了很多力,也很期待女儿在这方面有所建树,却一次都没看到过女儿在台上的样子。

对女性自由的思考

"为什么女人常要落后,总赶不上男人?"这个问题是郑小瑛在抗日战争期间希望成为一名飞行员,但得知女性无法成为飞行员后问出的。那时的郑小瑛想要自由,更想知道,独立自由对一个女人来说到底意味着什么。只有回答了这个问题,她才能得到真正的自由。

在郑小瑛烦恼之际,她的小学音乐老师给她写了一段留言,而这段话影响了郑小瑛的一生。老师写道:"暖室里长不成抗寒御露的劲草,假使有,也不过是玻璃窗上的装饰品。但在沃壤和温暖的环境中又往往存在叛逆的种子,它应了时间、空间等条件的允许,孕育着将来的果实。"

1937年10月7日,沈钧儒给郑小瑛留言说:"年龄没有大小,对于目前国难的严重同样要负起责任,培养自己的能力,参加到整个抗战力量里面去,小瑛女士。"当时8岁的郑小瑛把这句话记在了自己的本子里。

在那之后,她就被当时整个国家国民的情怀、抗战、对国家的责任吸引了。这段话就像一束光,好像冥冥之中在引着郑小瑛往前走。之后的郑小瑛对她的整个事业，也一直抱着要在人们心里深处留下一点儿东西的理想而奋斗。郑小瑛相信这个理想是一颗种子，它会发芽，结出果实。而这颗果实，就是辛勤努力的教育者的收获。

在郑小瑛的母亲眼里，郑小瑛一直是一个听话的女儿。可是在 19 岁那年（1948 年）的冬天，郑小瑛第一次欺骗了自己的母亲。

那时学校里正组织民歌社，她在游行队伍里负责扛旗，成为一名活跃分子。当郑小瑛知道她的一个朋友的哥哥去了解放区时，她写信给母亲说："这里阳光明媚，人人平等。"她觉得解放区的革命氛围和公平的规则十分吸引人。就这样，她开始了出逃之旅。为了赶上去往中原解放区参加革命的那艘船，她躲在了同学的家里，甚至都没有和自己的母亲告别。

记忆中的玫瑰花瓣

在郑小瑛家的书房中，成堆的谱子之间有一个信封，信封中还夹着几片用油纸压好、已经泛黄的玫瑰花瓣。这些花瓣还要从郑小瑛在莫斯科的那场演出说起。

1962 年国庆节的第三天，在苏联留学的郑小瑛，在莫斯科指挥了一场普契尼的《托斯卡》，她成为中国第一个站在顶级歌剧院舞台上指挥歌剧的指挥家。

一般来说，为了保证演出质量，是不允许学生担任指挥的，在此之前，也从来没有女性指挥家指挥过歌剧《托斯卡》。更何况郑小瑛还从没有指挥过歌剧，而这场歌剧没有排练，场地是陌生的，乐队是陌生的，演员也是陌生的。面对这么多困境，当时的郑小瑛凭着初生牛犊不怕虎的气势和要给中国争口气的精神就上了。对待困难，郑小瑛一直抱着"做事总会有困难，所以困难没有什么奇怪的，努力去做就是了"的心态去面对。

这场演出受到了观众和郑小瑛的老师的高度评价。在严冬的莫斯科，玫瑰花十分昂贵。演出结束以后，郑小瑛在斯坦尼斯拉夫斯基和聂米罗维奇-丹钦科音乐剧院的化妆间里却堆满了玫瑰。郑小瑛夹在信封里珍藏的花瓣就是那次的玫瑰花瓣。

郑小瑛在莫斯科演出时的媒体报道

在梦开始的地方造梦

鼓浪屿的厦门市经济贸易干部学校是郑小瑛原来住的地方，那时候的她刚来到这里，像她一样从北边来的年轻人都心潮澎湃。和大学时期的郑小瑛一样，每个人吃完食堂后，都去栏杆边上坐着，看着大海，猜想是在退潮还是在涨潮，退潮的时候船头是怎样的，船尾是怎样的，充满对大海的好奇和向往。

人生有很多东西是难以预料的，就像郑小瑛从来不会想到，有朝一日她会跑到厦门来，还会在这里搞乐团，也没有想过厦门那么美，有碧海和蓝天，还有充满生命力的榕树。

改革开放之后，自由市场时代来临。在世界各地演出时，郑小瑛总会和当地演奏员聊天，研究国外剧院的经营模式。她前后给文化部、剧院写过五份报告，主张改革，相识的新华社记者帮

郑小瑛

忙发过"大参考"(《参考资料》),但是回音寥寥。时间长了,郑小瑛感觉自己好像并没有很好地发挥自己想发挥的作用,在职业生涯中,她有很多想法得不到贯彻和接受。于是,1997年,在体制内得不到自我成就感的郑小瑛从中央歌剧院离休。

从体制内离休后,郑小瑛在厦门组建了"爱乐女"室内乐团,郑小瑛作为总监,终于可以按照她认为的艺术规律建设一个交响乐团,这在当时的中国还是第一次。带领"爱乐女"室内乐团的十几年,是郑小瑛最快乐的一段时光,她想做什么就做什么。尽管困难,但是郑小瑛做成了很多事,其间最大的一个收获就是把一部好的中国作品《土楼回响》带到12个国家去演了70多场,这是所有公办乐团都没有做到的,而郑小瑛带领的民办乐团做到了。

灵魂的重塑,音乐之魂

郑小瑛希望每个人在道德上是真正的人,是一个完整的人。而她做的事不是简单地演歌剧,而是在这个过程中,像"爱乐女"室内乐团中的女音乐家们那样,不计报酬地把健康的、好的音乐带给学生。这一演不是一场、两场,而是241场。在这6年的241场演出里,这些音乐家在人人都想着赚钱、没钱不干的时候,不计报酬地把优秀的中外室内音乐作品带到学校演出,这个行为对于学校的年轻学生有着很深的教育意义。在演出的过程中,

郑小瑛

就有校长或老师对郑小瑛说，看她们的一场演出比上学校多少堂德育课都有用。

在郑小瑛创作的《土楼回响》中，最后一个乐章有一段合唱，郑小瑛走遍世界各地，十几个国家和城市都听过这段合唱，唱这段歌的这些人有着不同的国籍、民族和性别。有很多人就是当年听过"爱乐女"的音乐会的观众，这些观众再去组织更多朋友来参与这段合唱。就像一颗种子几十年以后还在开花结果一样，这对郑小瑛来说是莫大的幸福。

20多年前，鼓浪屿音乐厅里第一次响起交响乐。那时，郑小瑛每个星期要开一场面向大众的音乐会，她甚至在音乐厅门口立了块牌子——"欢迎大家来参观交响乐是怎样炼成的"，但还是没有多少人来，门票销量惨淡。

郑小瑛记得，有一场音乐会只卖了20张票，但是那会儿她有一个坚强的后盾——鼓浪屿好八连。一知道郑小瑛这里要空场了，他们就说好八连的同志们要来听音乐会，过一会儿，解放军就喊着"一二一"的口号过来了。

现在的郑小瑛梦想着在鼓浪屿的海滩上建一个露天的歌剧场，虽然她知道这条路特别难，但是如果所有的人和事都顺理成章，那就不用奋斗了。

郑小瑛说："我始终相信，音乐是能够给人们带来幸福、带来智慧的。但它不是天然生成的，特别是在城市喧闹浮躁的空气里，需要人去传播音乐，需要有人做音乐教育。我就是那样一个角色，所以我始终不会抱怨，因为这件事是做不完的。"

梦想中的露天剧场

郑小瑛的梦想是在厦门建一个露天的歌剧场，后面是日光岩，前面是大海。

她知道，很多人没有看歌剧的基础，这是要培养的。另外，她认为，用原文的歌剧培养不出听众，用中文的才行。为什么？为了让听众对歌剧感兴趣。中国现在已经有了很多原创歌剧，但人们的欣赏水平仍有待提高。她想去做拓荒的人。看到应该做的事情没有人做，她就要去做。而且她现在信心十足，因为好多次实践都证明，她的想法是对的。她总说，事在人为，只要想做就能做出来。

她在鼓浪屿的演出乐队总是搬来搬去，仿佛一只流浪动物，所以有人戏称他们为"吉卜赛乐队"。最开始的时候，由于条件简陋，他们买一些粗糙的白布挂起来吸音才能排练。现在，他们有固定的演出了。

梦想正在一步步照进现实。梦想中的露天剧场，应该也在"奔现"的路上了。

我与郑小瑛先生在厦门的海滩上

采访对话

未竟的梦想：阳春白雪，和者日众

郑小瑛：2000 年，我约作曲家刘湲写了一部作品，就是五个乐章的交响诗篇《土楼回响》，它表现了中华民族的族群团结进取、开拓发展、崇文重教的精神。

王宁：这是一直萦绕在您心头的梦吗？

郑小瑛：我是做交响乐歌剧的，可是我现在没有乐队，就做不了交响乐，也做不了歌剧，但是我可以做一点儿培训，培训一些好的演员、好的乐队。如果有机会，我可以培训一些干部，让他们能够继续为人民的理想奋斗，这是一颗很饱满的种子。从教育功能来说的话，它也是对人民的启蒙，它可以全面启迪你的人格、智慧，所以它是个好的品种。我现在还有个梦，《托斯卡》是我指挥的第一场歌剧，我现在想要把它很好地配成中文，我希望有生之年还有机会在中国指挥一场中文的《托斯卡》。

王宁：为什么您选了《托斯卡》当这个梦的主角？

郑小瑛：当然，很巧合的是，这是我的第一部歌剧，从另外一个角度来说，我很喜欢它的内容和音乐。我通过在歌剧院的工作，特别跟法国作家合作了《卡门》，他们对《卡门》的译文译配非常看重，所以后来有了大家很喜欢的中文版《卡门》。我认为这部作品是中法文化交流的一个成果，应该传承下来。可是现在的歌剧院很轻易地把中文版甩掉，他们要用法文表演。让演员一个月内唱会那些法文，你说他们能懂吗？就是说，他们在台上的对话是虚假的，他们最多懂得自己在唱什么，并不完全懂得别人在唱什么。唯乐不可以为伪，音乐是吐露心声的，它不可以作假，作假的东西都是扭曲的，是矫揉造作的东西，而真正的音乐是发自内心的。

王宁：您刚才跟我说这些的时候，我看到了您的白发。您已经92岁了，还让自己这么累，让人有点儿心疼。

郑小瑛：没什么可心疼的，我就是很直接的。我们作为一个前进中的民族，中华民族，应该能够享受人类的这些智慧精品，而且能够吸收它们的营养，能够创造更高的文明，我觉得这是从事艺术、从事音乐的人应该有的理想。

王宁：您曾经说：阳春白雪，和者日众。这是您的理想吗？

郑小瑛：我要搞阳春白雪，但是我希望和者日众，哪怕一天多一个人应和，那也能让我感到欣慰。

王宁：您是几岁学的钢琴？

郑小瑛：我是6岁在家里学的，但是我8岁不到，抗日战争就全面爆发了，我们逃难到四川就没有琴了。一直到我上初中，教会女中那里有钢琴班，我母亲就让我到那里学。

王宁：在那种环境下，她为什么坚持让您学钢琴？

郑小瑛：这就要往前说了，是因为我父亲的影响。我父亲作为"庚子赔款"第二期公费生留学美国回来，所以他了解美国人的生活方式。我母亲是一个追求新潮的女性，所以他们在这点上一拍即合，要用比较全面的教育方式培养自己的孩子。

王宁：克服艰难险阻也要学钢琴，您没想过当个钢琴家？

郑小瑛：当时没有这个想法。（拿出一张纸条）你看，这是我的一个闺密写的纸条："为什么女人常要落后，总赶不上男人？"我就是跟这个闺密一起去考的国民党的空军幼年学校，人家不收女生，回来她就无限感慨地给我写了这么一个东西。

王宁：这段写得太好了，直到今天，这些话依然需要有人来回答。独立自由对一个女人来说到底意味着什么？我真的好奇，那个时候您怎么就非要去解放区？那个时候您的青春有这么澎湃的理想要去实现吗？

郑小瑛：有，那是时代赋予的。所以现在的孩子们可能不能理解，我不缺吃少穿，有很好的家庭出身，干吗跑到那儿去吃苦？那个时代的我们拥有极高的热情，当时比较进步的一些知识分子、年轻的学生，都以追求正义、追求光明为目标，不考虑个人前途。前途是什么？从来不想。走，就走了。

王宁：妈妈会留您啊。

郑小瑛：妈妈会哭鼻子。我在她眼里是个乖乖女，我功课很好，我也不跟她吵架，她不许我干这个，我就偷偷地去干，躲着她。

王宁：骗了她那么多年，她肯定接受不了。她后来原谅您了吗？实话说，从心底原谅了吗？

郑小瑛：我觉得是的。我妈妈是一个追求新潮的进步女性，在任何时代她都愿意走在前列，她就是这样的一个人。所以你看她，从小裹脚，后来五四运动以后提倡放脚，男女平等，她就主动放脚。

王宁：（去解放区之前的）那天晚上为什么不能跟她回去吃一顿圣诞节的晚饭？

郑小瑛：那时候小，就是想着见到她，我就走不了了。当时我只知道，我再也见不到她了。（久久沉默）

百折不挠，一棵充满生命力的榕树

王宁：面对大海，人的心总会宽广很多，往事也会被一遍遍地淘洗，变得深刻。您有没有想过，人生的意义是什么？

郑小瑛：有很多东西是你难以预料的。我从来不会想到我跑到厦门来，还会搞个乐团，有这样的机会，也没有想到厦门那么美，海、天、充满生命力的榕树。

王宁：榕树就是把根扎得很深，而大海则能把一切冲破。

郑小瑛：对，因为我这是民办的乐团，而且是前途未卜的，我从来没有拿金钱诱惑过他们，但是我说，"作为领导，我会给你去争取合理的报酬，我能保证，你在艺术上一定会有收获，但是你会很辛苦，每天排练5个小时"。

王宁：但是每一个音乐家的内心都有一个"我相信"，您心里有没有？您相信什么？

郑小瑛：我相信音乐是能够给人们带来幸福、带来智慧的。但它不是天然生成的，特别是在城市这样喧闹浮躁的空气里，需要人去传播，需要有人做教育。我就是那样一个角色，所以我始终不会抱怨，因为这个是做不完的。我的梦想是在这里搞一个露天的歌剧场，后面是日光岩，它是块最著名的石头，前面是大海。

王宁：这应该是最开阔的能看到海的地方了吧？这么多游客，这么多居民，但刚刚您说这里还是没有群众基础？

郑小瑛：没有看歌剧的基础。这是要培养的，交响乐的听众、歌剧的听众，你要是表演原文的歌剧，就培养不出来。为什么要用中文？为了让他们对歌剧感兴趣。我们中国现在出现了很多原创歌剧，但是有几部大家还愿意演第二次，还愿意去看第二次？大家的欣赏水平是有待提高的。

王宁：这条路真难。您从来没觉得难吗？

郑小瑛：我当然知道难，如果不难，要我们这些人干什么？要是不难，所有人都能顺理成章做成事，就不用那么奋斗了。有时候我也会想，为什么我老是那么费劲呢？

王宁：为什么您老是要去当那个拓荒的人呢？

郑小瑛：对，就因为我老看到应该做的事情，但是没有人做，所以我就要去做。为什么现在我信心十足？因为好多次都证明我的想法是对的，我有点儿前瞻性，我有点儿超前。

王宁：所以我觉得您的自信就是要在这个梦里种下种子。纵然地下是沙子，沙子里也能种出花来，也能开花。

郑小瑛：是的，现在很多事情大家都做出来了，所以事在人为，我觉得只要想做，就能做成。

采访手记

当我们年老之后,我们的生活会是什么样的?也许每个人都有属于自己的计划和想象。对92岁的郑小瑛来说,是在年老之时依然充满激情地站在指挥台上。我想,就算在世界范围里,她恐怕也是活跃在舞台上最年长的指挥家了。为了约到她的采访时间,我花了很长的时间,最后她说,"要不你来看我彩排吧"。

在厦门公交集团一个废弃的停车场内,我见到了她。仅仅十几分钟的时间,汗水就浸湿了我的衬衫。我远远地望着她,92岁的她在彩排的全程都没有喝一口水,她说自己是沙漠动物。她身体的各项机能在排练的时候仿佛都聚焦在乐谱上,再无旁骛。她带着一群来自各行各业的歌剧爱好者,认真感受着歌剧的魅力。他们跳着略显业余的舞蹈,挥汗如雨,却不知疲倦。我看到郑小瑛先生眼里有光，全无老态。

在停车场的墙壁上，挂着一句话，是她的心愿："让歌剧贴近大众，让大众走进歌剧。"所以，她排练的歌剧都经过了改编，是中文版。她相信，只有用能听懂的语言表演，才会有触及心灵的效果。果然，在排练的现场，我就学会了一句唱词，那是艺术中表达爱情最常用的语言："没有你，我就不能活。"当我唱给郑小瑛听的时候，她笑了起来，对旁边的人说："你看，只有中文才有这种力量。"

我曾经看到一个演奏者对郑小瑛先生的评价，说她的手会唱歌。而很多观众被她的指挥感染，不仅是因为她的台风，更是因为她对待观众的姿态。一般来说，在舞台上，指挥是不说话的：走上舞台，背对观众，开始指挥，曲目完成。但是郑小瑛打破了这种传统。在每首曲目演奏前，她都要面向观众，介绍音乐的时代背景，以及音乐表达的思想和情感。她真心希望观众都能听懂音乐。让美好的艺术启迪心灵，是她92岁生命的意义。

采访当天，郑小瑛先生的午饭是炸酱面，恰如其名，这碗面只有面和酱，没有任何配菜。我想起她过去经常吃剩饭，便问她："现在还吃不吃？"她说："当然，告诉你，吃剩菜剩饭才能活到九十九！"说罢，她大笑起来。不讲究吃喝穿戴，是她92年的人生态度，也是她旺盛生命力的见证。

采访快结束的时候，她突然着急地找手机，她要告诉老伴儿，自己马上回家，不要把门锁上。老伴儿这两年出现了阿尔茨

郑小瑛和丈夫刘恩禹与我交谈

海默病的症状,尽管发展得很慢,但是记忆的消退已经开始困扰他的生活。我想起此前沟通采访的时候,郑小瑛先生曾提出一个要求:如果拍摄需要去更远的地方,她就必须把老伴儿带在身边。初来厦门的日子里,每当她排练到深夜时,家里的灯都会亮着,一到门口,便温暖如春。

采访郑小瑛先生的几天里,我时常望着眼前这个声音洪亮、笑声爽朗的老人,想起塞缪尔·厄尔曼笔下的青春:青春不是年华,而是心境;青春不是桃面、丹唇、柔膝,而是深沉的意志,恢宏的想象,炽热的感情;青春是生命的深泉在涌流。92岁的郑小瑛先生的生命里,始终有滚烫的深泉在涌动。在厦门爱乐乐团

厦门爱乐乐团首场公演

的日子里，她经常去厦门的大学义务演出。15年里，乐团共演出一千多场，厦门有很多人在人生中第一次走进剧场听歌剧。

"让更多人听懂音乐"，这个心愿，直到今天，仍然如梦。可是郑小瑛先生在厦门耕耘了20多年，既享受着海风的磨砺，也在沙滩上收获了贝壳。在采访时，我看到一位60岁左右的保安大哥一边看其他人排练一边自己练声，便请他唱一曲，没想到，从他的歌声中，我竟听出了专业的味道。这一刻，我看见郑小瑛距离她的心愿又近了一步。

采访完郑小瑛，我最大的感受是：不再惧怕衰老。我想，如果我们都可以像郑小瑛一样坚持追逐梦想一辈子，那我们都可以青春一生、至死不休。

— 寄语 —

我追求一
阳春白雪
和者日众!

郑小瑛
2021.7. 鼓浪屿

吾家吾国　/　郑小瑛

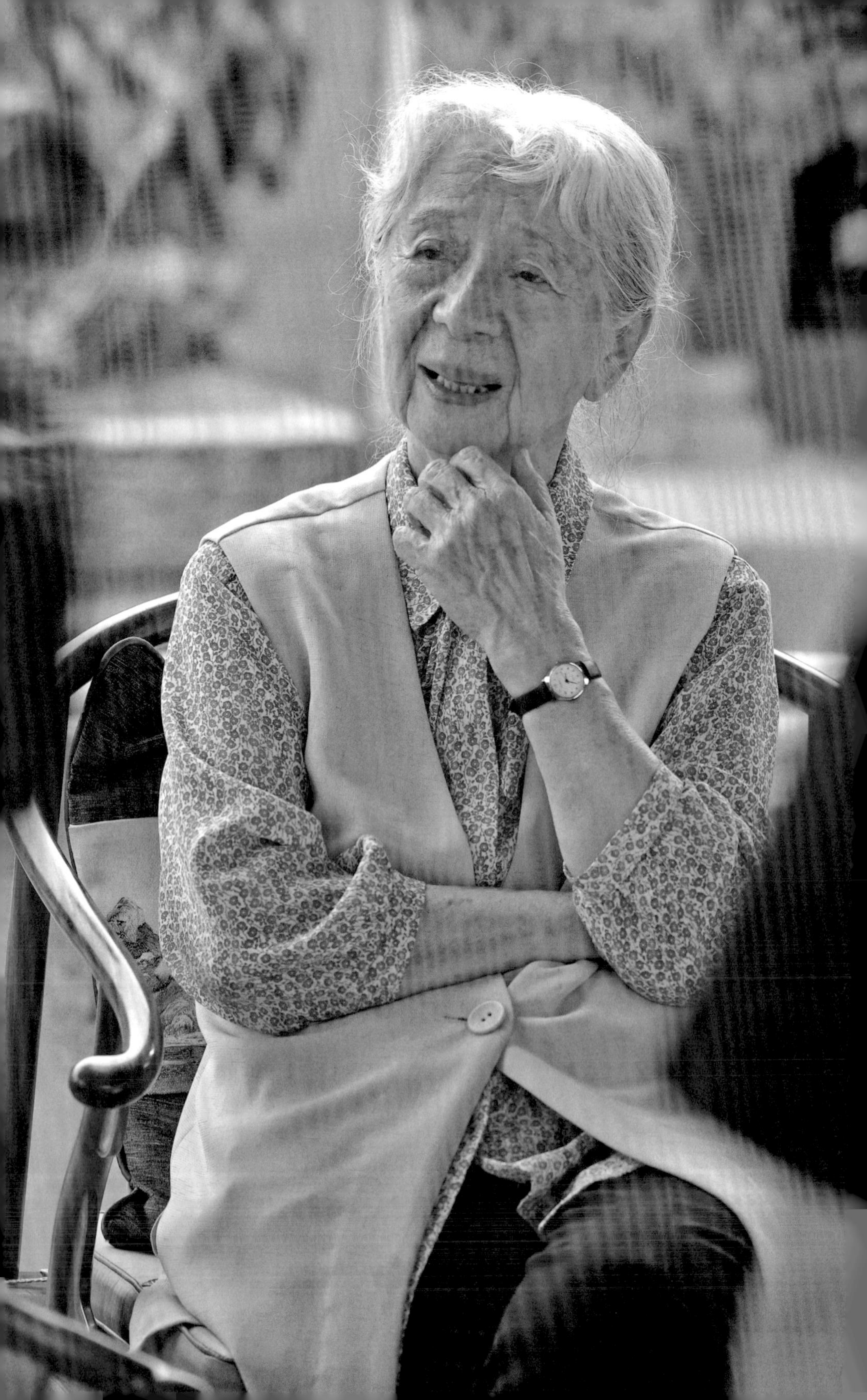

常沙娜

永远的敦煌少女

常沙娜,1931年出生于法国里昂,浙江杭州人。中国杰出的设计家、教育家,被誉为"敦煌洞窟壁画图案的解密人",是敦煌艺术图案研究和设计应用的开创者。

—— 人物小传 ——

作为"敦煌保护神"常书鸿的女儿,常沙娜在敦煌成长,在敦煌学画,用敦煌元素做设计,一辈子为传承与发展敦煌文化而努力,可谓永远的"敦煌少女"。

她继承父亲常书鸿推广敦煌艺术的职责,长期从事中国古代壁画及传统装饰图案的研究和临摹,结合现代设计理念,曾先后负责和参与人民大会堂宴会厅、北京展览馆、首都剧场、民族文化宫、香港紫荆花纪念雕塑等重大建筑和重大事件纪念物的设计工作,一生孜孜不辍。

当敦煌遇上人民大会堂

1959年,一场盛大的"庆功宴"在新落成的人民大会堂宴会厅举行。那一天令28岁的常沙娜终生难忘。

在常沙娜的自传《黄沙与蓝天》中，她对这一幕做了细致的回忆："受邀参加大会堂建设的各部门的领导和所有相关工作人员欢聚一堂，我们也应邀参加了。那天，宴会的组织者精心做了一个非常精彩、令人难忘的安排——让宴会厅所有的照明设备突然一齐通电，刹那间，金碧辉煌、富丽堂皇的宴会厅神话般地亮相在众人眼前，瞬间的震惊过后，全场的掌声雷鸣般爆发！以这样振奋的方式看到自己艰苦工作的成果，我激动万分，热泪夺眶而出！我看到周恩来总理神采奕奕，举杯向大家致意，并到各餐桌前一一致谢。"[1]

把敦煌的佛教艺术装饰运用到新中国的工美事业当中，常沙娜是第一人。而参加人民大会堂的装饰设计，是常沙娜最成功的尝试之一。

这是在设计人民大会堂期间周恩来提出的要求。民族传统到底是什么？怎么古为今用？常沙娜的设计理念也是在边学边干中摸索出来的。

1958年，作为庆祝新中国成立10周年的献礼，首都"十大建筑"的设计任务落在了成立不久的中央工艺美术学院（现清华大学美术学院）的头上。常沙娜被分到了人民大会堂组，而周总理更是亲自指导了大会堂的设计，他说："万人大会堂是人民的

---

1 常沙娜.黄沙与蓝天：常沙娜人生回忆[M].北京：清华大学出版社，2013：168.

会堂，台上和台下应该融为一体，要表现'海天一色、浑然一体'的形式和功能，不要用包厢。"[1]

会堂的天顶照明和装饰，要象征并体现党领导下的广大群众心向着党。当年的设计方案都是按照总理的意图，不断领会、反复修改而定的。负责大会堂装饰设计的是中央工艺美术学院室内设计系教授奚小彭。他在综合多种方案的基础上，又考虑了复杂的结构、照明和音响等工程的限制和需要，在会堂天顶中心将五星、光芒和向日葵组成了既富有形式美感，又富含政治寓意的顶灯装饰图案（五角星象征中国共产党，向日葵即向阳花，向日葵围绕五角星，象征广大人民群众心向共产党），为设计赋予了这个时代的崭新内涵。

奚小彭的整个设计过程，从主题、形式、功能等方面都给了常沙娜重要的示范。

常沙娜负责大会堂宴会厅的天顶装饰设计，她直接想到的就是敦煌的藻井图案。她在天顶正中设计了一朵唐朝风格的由花瓣构成的圆形浮雕大花。最初设计时，她只在装饰性上下功夫，对于功能并未做太多考虑。

建筑设计院的工程师张镈提醒她，只设计花瓣不行，要把通风口及照明灯组合起来；中心只搞花蕊不行，要把中心与灯光结合起来；光考虑照明不行，要把外圈小花和照明灯联结起来……

---

[1] 常沙娜. 黄沙与蓝天：常沙娜人生回忆[M]. 北京：清华大学出版社，2013：163.

常沙娜按照张镈先生的要求进行了整体修改，把通风口、照明灯的要求与装饰效果结合起来，这些问题解决了，又发现外圈的灯口连接不上。张镈先生指出了新的问题："你把这些圆点引出来，连起来，看看是不是好一些。"一听他点拨，常沙娜突然开窍了，把外圈小花也设计为成串的小圆灯，项链似的，一下子就把那些孤立的小灯口很优美地连起来了。

常沙娜最终的设计方案将唐朝的花饰图案，通风、照明的功能需求和不同材质的组合统一起来，它们都被潜在地组织在敦煌风格的富丽图案里，成为天顶装饰的各个组成部分。这个设计方案既有装饰美感，又具备建筑必需的实用功能，很完整，而且一看就是民族风格的——常沙娜在敦煌打下的基础充分发挥了作用。通过这一实践，常沙娜真正体会到艺术设计绝不是纸上谈兵，必须把艺术形式与材料、工艺、功能结合在一起才能成功。

"现在都说宴会厅的天顶装饰是常沙娜设计的，但我知道，这绝不是我一个人所能完成的，而是大家的心血结晶，是大家合作共同完成的。张镈工程师在设计过程中的教导非常重要，我从中获得的那些知识给我留下的印象太深刻了，使我受益终身。"[1]

建筑装饰设计是美学和功能性的统一。除了人民大会堂的装饰设计，20世纪50年代的北京有不少地方都留下了常沙娜的设计作品。

---

[1] 常沙娜.黄沙与蓝天：常沙娜人生回忆[M].北京：清华大学出版社，2013：165.

北京展览馆主体建筑群气势恢宏，高大典雅，具有独特的欧式建筑风格。其实，它在1954年落成时名为"苏联展览馆"。展览馆电影厅的装饰设计是在苏联建筑师安德烈耶夫的指导下由温练昌和常沙娜实现的，他们大胆利用了大厅的拱形天顶，以连续的蓝绿色"退晕图案"彩画形式制作镂空的装饰，产生了很别致的艺术效果，得到了安德烈耶夫的认可和支持。半个多世纪后，展览馆的电影厅已经更改用途，当年的艳丽色彩也变得暗淡，但拱形天顶仍然保留，镂空彩画依旧。

民族文化宫大门的金属装饰，常沙娜用卷草纹配上向日葵样式的花朵，精心选用了透明的彩色玻璃装点，突出了"进步"与"团结"的字样。60多年过去，这两扇大门依然矗立在长安街上，成为以灰色为主色调的长安街上难得的亮点。

多年以后，常沙娜在乘车经过长安街时，无数次看到自己当时的设计，也偶尔会回想当年，他们凭着一股初生牛犊不怕虎的劲头大胆地边学边干，而那个百废待兴的年代，恰恰给这些初出茅庐的年轻人提供了一个施展才能的大舞台，让他们在实践中迅速地成长起来。

敦煌的沙漠，一生的蓝天

1931年，常沙娜出生于法国里昂，父母用里昂附近的一条小河的名字给她取名"沙娜"。等到常沙娜在10多岁时跟随父亲常书鸿来到大漠敦煌，他们才突然发现这个名字与敦煌暗含的缘分：沙娜——"沙漠的婀娜多姿"。

今天的敦煌游人如织，海内外声名远扬。而在莫高窟标志性的"九层楼"正对着的一片山坡上，就安葬着常沙娜的父亲常书鸿，"敦煌保护神"几个大字镌刻在墓碑上。

1935年秋，常书鸿已经是在法国颇具声名的青年画家。留学近10年间，常书鸿取得了卓越的成就，许多油画作品获奖并被法国国家博物馆收藏。一天，常书鸿在巴黎塞纳河畔一个旧书摊上，偶然看到由汉学家伯希和编辑的一本名为《敦煌图录》的画册，里面有400张有关敦煌石窟和塑像的照片。

"这简直是一场艺术浩劫！"在伯希和于1908年从敦煌掠夺来的大唐时期的大幅绢画的展览里，常书鸿默默地想，"我倾倒于西洋文化，言必称希腊，一直以为这些才是人类艺术的真正殿堂。然而，中国的艺术早于欧洲近一千年，而且如此辉煌。"1943年，肩负着筹备国立敦煌艺术研究所（敦煌研究院的前身）的重任，常书鸿经过几个月艰苦的长途跋涉，终于到达了向往已久的敦煌莫高窟，这一待就是半个世纪。

一到敦煌，常书鸿就埋首于莫高窟的修复工作。为了解决最严重的流沙侵袭问题，常书鸿想尽办法，清理洞窟的积沙，筑起了一道矗立在千佛洞前的千米长的沙土墙。他和同事们为洞窟编号、临摹壁画，对敦煌进行研究与保护。

常沙娜比父亲晚到敦煌，于1943年11月随母亲和弟弟常嘉陵抵达敦煌莫高窟。

初到敦煌时,常沙娜不到13岁,她说自己"永远忘不了第一次到敦煌的画面":"'除非是海市蜃楼,空中的幻影,离我们一里路不就是那个寸草不生的山峡,与可怕的风沙?!'我对着来接我们的爸爸几乎失望得哭了出来!'就是海市蜃楼,那自然中的奇迹!你等着看下坡处的另一番景象!'爸爸笑着指点在大车南面的缺口,一样的沙山岩石。"常沙娜一直记得当时的那首歌谣:"出了嘉峪关,两眼泪不干。向前看,戈壁滩。向后看,鬼门关。"和物资匮乏、自然条件恶劣相比,敦煌的艺术成了唯一的慰藉。

当时常沙娜姐弟俩在敦煌县(今敦煌市)中学上学,每逢寒

工作中的画师们

暑假就回家在莫高窟随研究所前辈学习绘画、临摹壁画。没有栈道，爬不上去，大家只能架"蜈蚣梯"进入石窟；洞窟里没有电，大家只能在太阳光照射时，用纸反射阳光，以看清图案。"那么多画，看都看不完。"在常沙娜的记忆里，每到暑假，大人们在临摹，她就跟在后面画，"我的基本功、童子功就是在敦煌练成的"。

"那建于五代时期的窟檐斗拱上鲜艳的梁柱花纹，那隋代窟顶的联珠飞马图案，那顾恺之春蚕吐丝般的人物衣纹勾勒，那吴道子般的舞带当风的盛唐飞天，那金碧辉煌的李思训般的用色……"常书鸿在《九十春秋——敦煌五十年》一书中，这样描述当时莫高窟洞中满目庄严佛像的瑰丽场景。常沙娜就是在这样的环境中，打开了一个全新的敦煌世界。

早前张大千在临摹敦煌壁画时，都是用图钉把拷贝纸钉在壁画上拓稿，虽然临摹出来的画很准确，但图钉不可避免地在墙上钻出小孔，壁画也因此受到破坏。为了保护壁画，常书鸿规定临摹一律采用对临，不能上墙拓稿。因此，常沙娜都用打格的办法来对临，虽然难度大，却迫使自己把眼睛练得很准，造型能力也得到了提升，绘画基本功就这样练出来了。

出于一些原因，常沙娜的母亲离开了敦煌，常沙娜担起了照顾弟弟和父亲的责任，不过主要精力依旧用来临摹壁画。父亲要求她每天一早起来以唐人经书为帖练字，再朗读法语一个小时，之后像工作人员一样进洞临摹。在父亲的指导下，常沙娜先从客观临摹入手，之后以整理临摹为准，将北魏、西魏、隋、唐、五代、宋、元各时期代表窟的重点壁画全部对临了一遍，还掌握了各壁画的历史背景和时代风格。

常沙娜的自传《黄沙与蓝天》对这段岁月着墨最重，她写道："彩塑的佛陀、菩萨慈眉善目地陪伴着我，我头顶上是节奏鲜明的平棋、藻井图案，围绕身边的是神奇的佛传本生故事、西方净土变画面……随着太阳转移，洞里的光线越来越暗，而我意犹未尽，难以住笔……在大漠荒烟中，我修行着自己艺术人生第一阶段没有学历的学业。六十多年后的今天，在画册上、在美术馆的展厅里再看到自己十几岁时的临摹作品，我依然会怦然心动：少年纯真的激情融入艺术殿堂神圣的氛围，会迸发出多么灿烂的火花！"[1]

当时，国民政府给国立敦煌研究所拨不出多少经费，在梁思成、徐悲鸿的鼓励下，常书鸿决定靠画展自筹经费。1946年，常书鸿在兰州举办了"常书鸿父女画展"，这也是常沙娜第一次参加画展，常沙娜在敦煌临摹的三四十幅历代壁画摹本得以展出。画展取得巨大成功，"常书鸿父女画展"的条幅还挂在了兰州皋兰门城楼上。1948年的报纸这样评价："常沙娜小姐，年仅十七岁，为临摹敦煌壁画之最成功者。"

尽管只在敦煌待了四五年，但敦煌成了常沙娜永远的精神故乡。晚年时，常沙娜回忆道："我的父亲在敦煌50年，守了敦煌一辈子，我在敦煌的时间不多，但是敦煌成了我的老家。"

---

[1] 常沙娜. 黄沙与蓝天：常沙娜人生回忆[M]. 北京：清华大学出版社，2013：87—88.

跟着林徽因学设计

常沙娜一生后悔的事情不多,在林徽因身边学习、工作了两年多,却没有和她留下一张合影,算是其中一件。

1950 年,常沙娜在美国波士顿美术博物馆美术学院留学,抗美援朝战争爆发后,她回到了中国。刚回国不久,她就接到了父亲的一项任务,当时常书鸿正在故宫午门筹备"敦煌文物展览",要她马上到北京协助。1951 年 4 月,展览筹备一切就绪。常沙娜又接到一项重要任务——陪同梁思成和林徽因二人看展。

敦煌艺术同样是梁林夫妇二人的至爱,那个时候两人的身体已经不太好了,却在那天拖着病体登上了高高的台阶,并坚持看完了整个展览。两个人对敦煌的痴爱让常沙娜印象深刻,她回忆道:"我注意到梁先生的嘴唇微微颤抖,林先生清秀苍白的脸上竟泛起了红晕,那种对敦煌艺术发自内心的痴迷真是令人感动。"

第二天,常书鸿告诉女儿,二老希望她去清华大学做助教,在敦煌壁画图案上配合林徽因做些工作。常沙娜答应了。这个意外机缘成为她人生的一道分水岭,她没有继续去中央美术学院学习,往画家的路发展,而是从此转向工艺美术、艺术设计,后来还成为艺术设计教育家。

当时林徽因欣赏敦煌壁画的图案,常沙娜又比较熟悉敦煌艺术的各种元素,两人一拍即合,留下了很多工艺美术设计的开创性作品。

第一个被改造的是景泰蓝。那个年代，西方对中国进行经济封锁，原本主要依靠外销的景泰蓝，此时既不能出口，国内也没有市场，行业发展陷入了困境。林徽因提出，景泰蓝产品的图案风格需要改造，传统的景泰蓝大多只有荷花、牡丹这些图案，过去那种宫廷风格不能代表中华民族传统艺术的精髓，要拯救景泰蓝这一濒临灭绝的传统艺术，最关键的是全面更新设计，这样才能让它起死回生。

在"敦煌少女"常沙娜脑子里一直萦绕的敦煌图案派上了用场。她们一起设计出简洁明快的祥云、火珠等图案，敦煌飞天的新鲜与跳脱让传统景泰蓝工艺有了新的生命。1952年在北京举行的亚洲及太平洋区域和平会议上，清华大学建筑系制作的这批景泰蓝台灯、烟具套盘、敦煌题材装饰大盘等，作为代表中国人民献给世界和平的礼物，被郭沫若称为"新中国第一份国礼"。

苏联著名芭蕾舞演员乌兰诺娃在访问中国时，得到了一件飞天图案的景泰蓝瓶，她赞叹道："这是代表新中国的新礼物，真是太美了！"

常沙娜初到清华时只有20岁，生活在梁思成、林徽因身边两年，可以说领略了两位先生渊博的学识、深厚的修养和崇高的境界，尤其是林徽因先生作为中国一代才女那独特的人格魅力。林徽因在健康状况急转直下、时日无多时，仍在病榻上呕心沥血地工作，无私地贡献着超凡的才智。

这段经历可以说重塑了常沙娜。她在自传中把这两年的经历详细记下，深深遗憾于自己竟然没有和两位先生留下一张照片。"我是从二位先生身边走出来，踏入自己的人生的。随着阅历的增长，我像骆驼反刍一样一点点加深对他们的理解，一步步体会他们的伟大。"

晚年时，常沙娜有一次在钓鱼台国宾馆偶然发现有一个敦煌风格的盘子，上面写着常沙娜的名字，那就是她在清华大学营建系（1952年改名为建筑系）的时候画的。创新的设计加上敦煌传统的图案，沉淀成能代表新中国的独特元素。尽管没能和林徽因留下一张合影，但是这独特的景泰蓝作品，成为常沙娜那段岁月最好的见证和纪念。

人生的幸运草

2021年，常沙娜90岁。她设立了"常沙娜设计奖"，只为鼓励更多年轻人聚在一起，传承敦煌的美。

2021年9月，常沙娜设计奖的获奖作品在甘肃省敦煌市敦煌国际会展中心展出。"敦煌壁画的图案太丰富了，可以运用到我们的衣食住行中。"有幸观看这次设计奖作品展的观众大为惊叹：融合敦煌壁画中唐朝佛教莲花经典纹样的中式餐具，以藻井、华盖等敦煌壁画经典元素为装饰纹样的文创产品，运用敦煌壁画配色的沙发和茶几……设计师们聚焦莫高窟的方寸之间，把敦煌元素运用到生活场景中，让敦煌文化真正走进寻常百姓家。

常沙娜设计奖获奖作品展策展人黄炫梓说："常沙娜先生把我们看不懂的莫高窟密码一样一样地分析出来。比如佛身上穿的、戴的，壁画中展示的古人使用的器皿、桌布、桌几等元素，其实都可以运用到当代设计，千年莫高窟一点都不老，它十分接地气。"[1]

1983年，常沙娜担任中央工艺美术学院的院长。父亲常书鸿写了封信说，"沙娜，不要忘记你是'敦煌人'"，"到了把敦煌的东西渗透一下的时候了"。

其实无须父亲提醒，敦煌的艺术元素沉淀在心，常沙娜片刻不曾放下。在后来的20多年里，她和工艺美术学院的师生一起，整理出版了《中国敦煌历代服饰图案》《敦煌藻井图案》等著作，并将敦煌艺术运用到现代生活中。

在常沙娜的艺术地图上，除了敦煌，也有别的元素。

1955年，共青团团徽的设计工作启动，最终的定样综合了三幅图样的优点，其中一幅就是根据常沙娜的设计图样加工修改而成的。首都剧场的装饰设计、首都机场的壁画，常沙娜都倾注了不少心血。

中国共产党百年华诞之际，一个庄重大气的红色新地标——中国共产党历史展览馆在北京开馆。在展览馆的设计建造中，耄耋之年的常沙娜再次出山，带领团队设计了展览馆外立面的柱头、花格墙、铜门、馆徽等，为中国共产党历史展览馆的艺术创作锦上添花。

1　宋喜群，等.古老的敦煌很青春[N].光明日报.2021.09.30(09).

2019年,"花开敦煌——常书鸿、常沙娜父女作品展"在北京举办,距离上一次父女合展已经过去73年。除了父女俩关于敦煌的作品,常沙娜还展出了大量以花卉为主题的画作。生机勃勃、多姿多彩的花卉也是常沙娜醉心的主题。1997年香港回归时,中央人民政府赠送香港特别行政区的大型雕塑《永远盛开的紫荆花》,其设计思路就出自常沙娜。

在常沙娜看来,经历几十年的人生起伏,与敦煌的缘分始终是她人生的"幸运草"。根据植物学的说法,遇见四叶草的概率是十万分之一,但是常沙娜在不经意间多次发现了四叶草。她在自传中写道:"应该说,我确实是幸运的。我有一个被称为'敦煌守护神'的父亲,父亲又把我带到了佛教艺术的圣地敦煌。我得天独厚地在千年石窟艺术精神的哺育下长大,又得以在中央工艺美院的校园内与数十年的老同事、老朋友共同在更广阔的天地间历练、驰骋。"[1]

1948年,少女常沙娜在即将前往美国留学时,对敦煌千佛洞留恋不已,写文章投稿于报刊:"希望不久之后我仍旧要回到那边去找寻我离别时偷偷在神龛积沙上印着的橡皮鞋的印踪——我在别离时留恋地所做的暗号!"

常沙娜当时留下的印踪早已在风沙中消散,但在生命的河流上游,敦煌滋养她了一生,回望敦煌、回馈敦煌这件事,她也坚持了一生。

---

[1] 常沙娜. 黄沙与蓝天: 常沙娜人生回忆[M]. 北京: 清华大学出版社, 2013: 293—294.

采访对话

设计的功劳是集体的

王宁：您觉得什么才是真正的时尚？

常沙娜：比例、大小、尺度、功能，总的来说，应该走在街上一看，哦，这是中国人。建筑也是，要将建筑的比例和功能结合。新中国成立10周年不是搞了十大建筑吗？那个时候我刚20多岁，给我安排到人民大会堂，所以人民大会堂的很多设计我都参加了。

王宁：20多岁，这么重要的担子落到您肩上的时候，有压力吗？

常沙娜：没有，什么压力啊，我感觉很好，因为有好多人一起。我们的老前辈强调，我们搞设计一定是大家共同完成的，都是

我与常沙娜先生看展

这样的，我感受匪浅。我光知道利用敦煌的图案，但建筑师提出，"你这个光这样还不够，你还得考虑它跟功能的结合，通风口是暗颜色的，照明是亮的，把这个深的、浅的组合在你那个敦煌的原始图案里头，能组合得更好"。设计完人民大会堂以后，有人组织一场奉献宴会，不管是设计的或者制作的，或者是工人，一桌桌的人都来了。等到人都坐好了，周总理也来了，大家都很感动。

王宁：那一刻您在想什么？

常沙娜：大家都掉眼泪了，因为周总理一个桌一个桌地来祝贺大家，感谢大家为国家做出贡献，所以这个很重要。我们每一个搞设计的人，都应该明白，设计工作不是一个人完成的，是大家共同完成的，经历了很多反反复复的研究、改造，最后才完成了。

这就是生活

常沙娜的父亲常书鸿在法国留学的时候,成为第一位进入巴黎美术家协会的中国艺术家。1935年秋,他偶然看到了法国汉学家伯希和编辑的《敦煌图录》,中国古代艺术的灿烂辉煌使他受到了极大的震撼,他下定决心离开巴黎,回到祖国。此后,他用了一生的时间,担任"敦煌守护神"。

常沙娜:我父亲是画家,但是去敦煌的头几年,他画不了。敦煌最早的时候就是这样,连门都没有,栈道也没有,后来把栈道给修好了,门也都立起来了。

王宁:这些照片让人震撼。真是大工程!

常沙娜:未曾经历,你不知道这里面有多少的不容易。

常沙娜曾经在她的回忆录《黄沙与蓝天》当中提到,她永远也忘不了第一次到敦煌的画面。当天,到达时已是深夜,大家都饿了,但是没有什么吃的,爸爸给每个人端出了三个碗——一碗盐、一碗醋、一碗面。她就这样度过了自己的少年时代。

王宁:我看到常先生曾经写下了那段日子的感受——苦中有乐,而且他特别会苦中作乐。

常沙娜:当时我父亲下决心要去,后来我母亲不同意,自己就走了。我刚到敦煌时才十几岁,我弟弟比我小 10 岁,没有人管我,父亲的生活也没人管。我就照顾我父亲,照顾我弟弟,又当妈又当姐姐的。人生就是这样,我也 90 岁了,我的经历很长,喜怒哀乐,什么都有。

王宁:法语中有一句话,好像就是您刚才说的意思——"这就是生活"(C'est la vie),怎么解释呢?

常沙娜:你活得开心,这就是生活。你活得很悲伤,这也是生活。

挽救景泰蓝工艺

常沙娜:1951 年——正好是 1950 年的圣诞节前后,周总理跟我父亲说,要在午门城楼上,搞一个爱国主义教育展览,把我们临摹的东西弄到城楼上。我父亲高兴得不得了,就告诉大家,"你们在敦煌待了那么长时间,没有来过北京,现在你们把临摹的东西带过来,就在城楼上搞展览"。所以我父亲还让我到北京帮忙。当时,梁思成、林徽因很推崇敦煌历代的莫高窟壁画,因为他们是研究古代建筑的,他们没有机会去敦煌,所以他们说这次一定要去看午门的展览。

王宁:那段时间梁思成先生的健康状况好像出了一些问题?

常沙娜:对,他们两口子身体都不好,但是他们特别高兴,再累、再病,他们也要去。后来我父亲就跟我说:"沙娜,这次给你一个任务,你好好陪同梁伯伯、梁伯母。你陪着他们,扶着他们,上楼以后歇一会儿,让他看这个展览。"这成了我的任务。从早上大概9点到12点多,陪一圈,歇一圈,说一圈,然后给他们讲解,看了壁画上的古建,他们又高兴又激动。后来林徽因跟我说:"沙娜,你过去在敦煌,又刚从美国回来,应该好好地给自己做规划。"她又说:"北京要发展工艺美术,工艺美术最有特色的是景泰蓝。沙娜,你是搞敦煌艺术的,对敦煌的图案很熟悉,可以结合敦煌的图案,给景泰蓝做一些新的设计,我们可以一块儿搞。"她那时身体不好,但是仍让我每天去找她。

王宁:看历史资料记载,她那个时候应该只能在床上工作。

常沙娜:是,她常年都在床上。她会跟我们讲述想法,讲完了以后,我们就设计,这成了我跟林徽因很重要的一个缘分。但是几年以后,她就去世了。

王宁:这段时光对您的人生有什么影响?

常沙娜:那个时候,林徽因让我每天上午9点到11点到她家里去。她坐在床上,床上有个桌子。她说:"沙娜,景泰蓝是故宫的,是宫廷的东西,你要把它跟现在的生活结合,把灯具、盘子都弄成现在所需要的景泰蓝。"

王宁:而正是当时你们的设计,救了整个景泰蓝工艺。

常沙娜:新时代的景泰蓝,得到了很大重视,所以林徽因特别激动,一说起来就激动得满脸发红。梁思成还来劝林徽因:"徽因,你休息休息吧,你瞧你。"

采访手记

活到老，学到老，对满怀理想的人来说，这是践行一生的信条。然而，人生的天花板，那些在前行中无法跨越的障碍，总会让我们陷入不自觉的自我怀疑。个体在瞬息万变的社会中，到底要如何面对新挑战，坚定地追梦？假如这个梦需要追寻70年呢？

在故宫的午门，一场盛大的敦煌展徐徐开幕。70年前，也是在这里，敦煌的神秘面纱第一次以展览的方式被揭开了。人们才得以知晓，这份使人惊叹的东方之美背后，是一群人一辈子的守护和心血。当年协助筹备首次敦煌展的少女常沙娜，如今已是90岁的老者。我在约访她的时候，提出想和她一起看看这个展览，她欣然同意。

我们缓缓登上通往敦煌展览的长阶,她在海报上"70年"这个词语前驻足很久。超过一个甲子的时间,原来也就是人生的一瞥。70年前,她陪伴着梁思成、林徽因两位先生拾级而上,看着林徽因先生步履艰难地拖着病体,仍因为能看一眼敦煌而喜悦得如同孩童。彼时,常沙娜毅然挥别了美国的留学生活,在"抗美援朝,保家卫国"的民族尊严感的召唤里,等待投身于新中国的建设。

翻看常沙娜先生的照片,我的脑海里总会蹦出"优雅""温和"这样的词语,但是见到她之后,我最大的感受却是,她 人好直接啊。

我说喜欢故宫的红色,她纠正说这是土红色,是根植于自然的颜色。

我找到一条敦煌飞天图案的丝巾,想送给她,她摆着手,连声说:"No! No! 这条丝巾颜色不对,图案比例不对,结构也不对。"人们太过随意地呈现"敦煌印象",是她心里的痛。

她在意拍摄过程中每一个人的穿着打扮。摄影师小哥穿了一条破洞牛仔裤,被她反复批评。看着编导T恤上的大字logo(标识),她无奈地摇摇头。

在她眼里,"美"是一个完整的体系,是大小、比例、色调、尺度、功能、材料的结合,不能有半点儿放松。一旦发现了不美的东西,她就一定要说出来,这是她的本能。因为她是泡在美里长大的。

1943年,她在豆蔻年华跟随父亲来到敦煌,从"一碗面、一碗盐、一碗醋"中开始了自己的艺术修行。父亲要求她从客观临摹入手，再以整理临摹为准，将北魏、西魏、隋、唐、五代、宋、元各朝代代表窟的重点壁画全临摹一遍，并在临摹过程中了解壁画的历史背景，准确把握历代壁画的时代风格。她说她再看当年自己临摹的作品，仍然会怦然心动。那是少年纯真的激情融入艺术殿堂的神圣所迸发的灿烂花火！

一路上，常沙娜先生都用左肩背着她的书包，我想替她背一会儿，她婉拒了。她笑着说，这是为了保持平衡。乳腺癌手术做完之后，这个姿势是她的习惯。谈起放化疗阶段的生活，她的记忆里只有"如常"。规律的生活，不间断的设计工作，乐观的心态，顺其自然的思考，她从来没有觉得自己需要照顾，哪怕成了"90后"，她还是一个人买菜、做饭、做家务，一个人数着台阶上下楼，225级台阶的高度，让她觉得自己还不够老。这可难为了儿子，除了给家里安装摄像头，能让母亲依靠的就只有手机了。

在采访中，常沙娜先生唯一牵挂的电话铃声就来自儿子。45岁怀孕，在20世纪70年代的生活条件下本来是件大事儿，她应该被当作家里的"大熊猫"保护起来。可是她不安于在家养胎，每天早上都带着画具，拎着马扎，乘公共汽车从光华路的家一直坐到北京西郊的植物园写生。她一画就是一整天，中午就吃自己带来的馒头和鸡蛋，丝毫没有高龄产子的焦虑。说起这些往事的时候，常沙娜先生表情恬静，就像她笔下的花卉，透着自然的力量。

她被称为"敦煌洞窟壁画图案的解密人"，把敦煌的元素融入人民大会堂、民族文化宫、首都剧场、首都机场的建筑设计。很多人去香港必打卡的地标——中央人民政府赠送香港特别行政区的大型雕塑《永远盛开的紫荆花》就是她主持设计的。可是在采访中，只要说到她的设计，她就会强调，这些设计都不是她的设计，是集体的智慧。因为所有的设计都必须和功能结合，甚至每一个工程项目里的工人都是她的老师。我问她：什么是好的设计？她脱口而出：民族的，科学的，大众的。这九个字，她郑重地说了两遍。她说："我从小在西方生活，有人觉得我还不够洋气，非要把我名字里的'沙'改成'莎'，让我变成'常莎娜'，我最反感这个。我一直觉得，只有民族的、科学的、大众的文化，才有生命力，才是我们中华民族文脉的根基。我相信，这个思想在任何时候都不过时。"

常沙娜先生与我谈论艺术之美

在我们相处的时间里，有很多时刻，常沙娜是安静的。她时常望着一处建筑或者一些行人，若有所思。我顺着她的目光看过去，寻找她的思绪。而在一段时间之后，我的耳边就会响起她耿直的话语："什么是时尚呀？别为了追求所谓的时尚丢了中国的传统。你是中国人。""艺术设计的创新，不是哗众取宠，不是投机取巧，要服务于大家的衣食住行！""一说到'中国元素'就是在衣服上画只大熊猫吗？要有基础审美和文化精神啊！"看到我点头，她突然问我："你小的时候上美术课学过这些吗？"我仔细想了半天，还真没有。"那你一定要去敦煌看看。"她很认真地告诉我。90岁这一年，她设立了"常沙娜设计奖"，只为鼓励更多年轻人聚在一起，传承敦煌的美。

在采访的最后，我问她对生命的感悟，她只是淡淡地说"C'est la vie"——这就是生活。悲欢离合皆是过往，生命的活力仍在当下。这样的生命之美，沁人心脾。

—— 寄语 ——

铭记历史

不忘初心和

初衷!

常沙娜

2021年8月30日于
故宫博物院。

吾家吾国　/　常沙娜

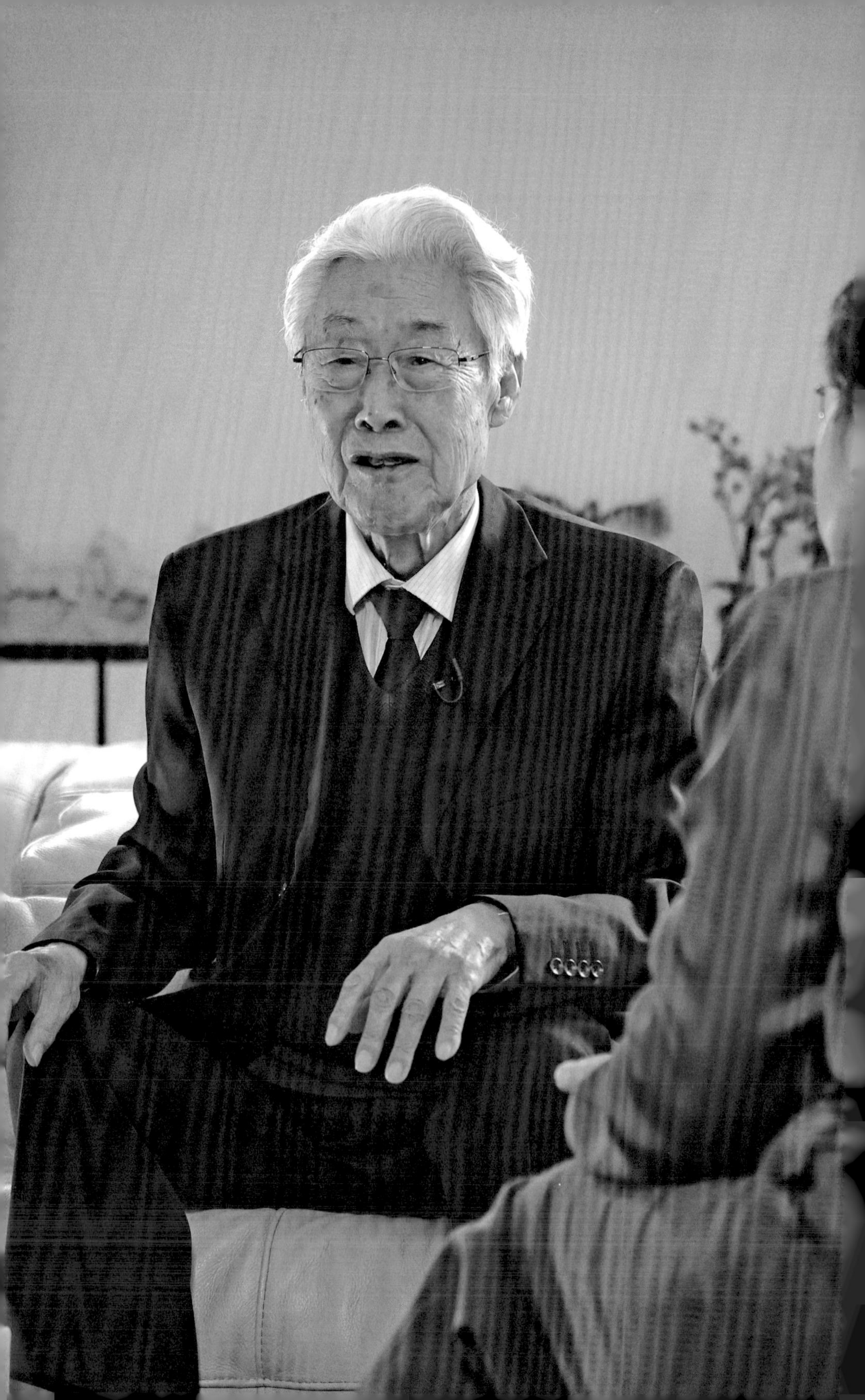

王永志
自在乘风追梦人

王永志，生于1932年，辽宁省昌图县人。航天技术专家，中国载人航天开创者之一和学术技术带头人，中国工程院院士、俄罗斯宇航科学院外籍院士、国际宇航科学院院士。曾任中国运载火箭技术研究院院长，航空航天工业部科学技术委员会副主任暨运载火箭系列总设计师、地地导弹系列总设计师，中国载人航天工程总设计师、高级顾问，清华大学航天航空学院院长。

— 人物小传 —

2022年4月16日，神舟十三号飞船上的三名航天员结束了他们为期半年的太空遨游，完成了既定的器材组装、撤离演练、科学实验，安全返回地球。说到我国的载人航天工程，就不得不提王永志，他是我国载人航天工程的首任总设计师。他的经历，就是我国载人航天工程的发展史。

我自读书以明志，七尺男儿当自强

王永志出生在一个农村家庭，家里一共有7个孩子，他是老四。那时的中国大地正在遭受外国的侵略，日本人在东三省建立了伪满洲国，有些孩子虽然说着中国话，却不知道自己是中国人。

1940年年初，7岁的王永志有了上学的愿望。他想认字，想知道报纸上到底在说些什么，所以哭闹着要上学，但是贫困的家境并不能满足他的愿望。小时候，家里要交"出荷粮"，交得不够，他的大哥被当地伪满政府的爪牙毒打，并且被罚在众人面前下跪。年幼的王永志受到了这件事情的触动，觉得如果没有文化，没有地位，就要受到这样的羞辱。他的大哥不希望家里所有人都没文化，所以支持他上学，认为学习可以改变命运。

为了让王永志上学，大哥瞒着父亲领他去报了名。父亲得知后暴跳如雷，逼着他们把学给退了。大哥说，这是官学，不能退，父亲这才罢休，王永志这才上成学。

王永志深知学习的机会来之不易，他得一直取得好成绩，家里才不会逼他从学校回去，所以他奋发学习，成绩一直名列前茅。

保家卫国破初心，三改志愿为航天

农村不养闲人，无论老少都要参与农村的生产活动，这是刻在每一个农民骨子里的认知。王永志每天放学回家后，都放下书包去干农活儿。为了提高学习效率，他利用放学时走8里路的时间，背诵学过的内容；回到家后，他利用喂马的时间，抽空看书。

1945年，王永志上六年级，却因战乱辍学，后来八路军创办昌北中学，他才又上了初中。他目睹了旧社会的黑暗，领悟到共产党才能救中国，于1949年17岁时加入中国共产党。

初中毕业时，王永志想参加中国人民解放军，去解放中国人民。正巧这时东北人民政府出于开展社会主义建设的需要，想培养社会主义人才，所以在辽宁省成立了东北实验学校，各学校的第一名都可以免考保送入学。成绩优异的王永志被学校保送，他的大哥将家中的农货提前卖掉，给他凑了路费。在大哥的支持下，王永志开始了自己的高中求学之旅。

高中时期的王永志学习成绩优异，原本想当农学家，但抗美援朝战争爆发了，美军飞机频扰辽东上空，他深深意识到落后就要挨打，有国无防是不行的。在抗美援朝的战场上，中国引进的米格-15战斗机一出现，战局就立马发生了变化，中国飞行员把美军王牌飞行员都打下来了，他感觉特别解气。18岁的王永志放弃了当农学家的梦想，决定投身于国防建设事业，他想学习飞机

年轻时的王永志

设计，让中国也有属于自己的战斗机。于是，1952年，他毅然报考清华大学航空系飞机设计专业并被顺利录取。

因为学习成绩优异，一年后，王永志经推荐考入留苏预备班，学习俄语两年，于1955年被国家派往苏联深造，在莫斯科航空学院学飞机设计。

1957年，我国与苏联签订合作协议，苏联同意接受部分留学生学习导弹、原子弹等保密专业。中国大使馆决定让王永志等留学生改学火箭和导弹专业。他在著名火箭专家瓦西里·米申教授的指导下完成《洲际导弹设计》论文并获优秀毕业文凭和"工程师"称号，于1961年学成回国，开启国防建设和航天征程。

多年后，已经是院士的王永志想起当年为了保家卫国，投身于国防事业，也不禁激动地说道："我就是搞国防的，我国强大了，看谁还敢欺负。"

勇做减法解难题，东风二号入云端

1956年10月8日，国防部第五研究院正式成立，钱学森担任院长。从苏联学成归国后，王永志在以钱学森为首的老专家们的指导下开始了工作，参与了我国东风二号导弹的研制工作，于1964年6月赴酒泉发射基地参加东风二号导弹第二发的发射试验。

酒泉发射基地夏季酷热难当，在导弹发射前夕，高温导致导弹推进剂膨胀，经计算，射程不够，弹头无法到达预定区域。总工程师和专家们提出的方案都难以解决问题，发射陷入了僵局。

当时，王永志也在思考这个问题，他知道东风二号导弹的推进剂是氧化剂液氧和燃烧剂酒精组成的。现在液氧和酒精已经加满，再多加已不可能，是否还有其他解决途径？液氧和酒精都会在高温下膨胀，密度变小，但酒精膨胀得更加明显，两者在燃烧时是按定好的体积比混合消耗的，因此在液氧耗尽时，酒精还会剩下，形成"死重"。王永志突然想到，把这些多余的"死重"去掉，这样导弹起飞时的重量变轻了，是不是就能打远了呢？经过计算，如果排出600千克酒精，就可以增加射程，使导弹飞抵预定目标。

王永志向总设计师和其他专家汇报了用"做减法"的办法来解决问题的想法，但整个试验队都没有采纳他的意见，认为这是胡扯。

受挫的他只好直接去找发射场的最高技术负责人钱学森院长。他敲开了钱学森房间的门，和钱学森面对面解释说："液氧已经耗光了，酒精还有剩余。如果把剩下的这块'死重'提前去掉，起飞重量不就轻了吗？这就可以飞得更远了。你加酒精加得越多，'死重'就越大，但是你让它变少，反而可以轻装前进，打得更远。"

钱学森听完王永志的话，经过仔细思考，觉得可行，便采纳了他的建议。1964年6月29日，东风二号导弹发射成功，这标志着我国的导弹事业从此走上了自行设计的道路。钱学森也因为

王永志（右）参与东风二号导弹的研制

这件事，记住了这位敢想敢说的年轻科学家——王永志。

1964年10月，王永志被破格提拔为试验室副主任，分管自主研制的东风三号中程导弹的总体设计；1965年，任型号总体室副主任，负责东风三号总体参数的选择与优化和方案的选择与制订，提出采用燃气舵、前箱推进剂导管外行等方案并被采纳；1966年，任靶场合练队长主持合练，参加01批首飞试验并取得基本成功；1968年，周总理提出东风三号要在美国总统大选之前定型交付，王永志作为史上最年轻的试验队长主持02批定型飞行试验，4枚导弹全部发射成功并初步定型，他创造性地提出"五结合"飞行试验方法并实施，大大缩短定型交付到形成战斗力的时间。

创新思维攻尖端，研究序列渐升级

1969年，珍宝岛事件发生，中苏关系急剧恶化，国家决定加快洲际导弹的研制。王永志接到上级命令，被调至东风五号型号总体设计室主持工作，开始研制东风五号洲际导弹，组织飞行试验弹的初步设计。他提出并成功组织只试二级的全弹系留试车，为导弹首飞赢得了时间；两次当面向周总理汇报后被批准发射；在指挥部中断加注并决策是否推迟发射时提出如期发射的关键意见，对洲际导弹在1971年9月10日顺利升空做出突出贡献；主持提出"加长箭体，增大射程"等10项修改方案并应用于定型批东风五号的研制。1972年，在东风五号的基础上，他组织提出了捆绑等火箭型谱设想。1978年，他被正式任命为东风五号的副总设计师。东风五号对中国航天发展的影响极其深远，我国常规推进剂火箭的基础级都是东风五号，该导弹系列仍在站岗值班，是国防重器。

王永志因为在东风二号、三号和五号导弹研制中的突出贡献，被钱学森提议担任第二代战略导弹的总设计师。1979年，他被任命为我国第二代液体远程机动战略导弹的总设计师。他带领研制人员在短时间内突破了第二代战略导弹的10项关键技术，与此同时，在管理上有了新的发展，取得了宝贵经验。到1984年年底，王永志已经组织完成液体远程机动战略导弹初样的研制工作。后来，由于固体发动机试车成功，国家停止了液体导弹的研制工作，准备实施"液转固"。

1985年，航天部成立了由航天一院（中国运载火箭技术研究院）、航天二院（中国航天科工集团第二研究院）、航天四院（航天动力技术研究院）和部机关组成的远程固体导弹联合论证组，由时任航天一院副院长的王永志担任论证组组长。他在"远程陆海基本型、系列化"的基础上，主持提出"基本型采用大直径，洲际导弹也纳入系列，不另起炉灶"的发展思想，这一思想最终得到张爱萍将军和各级领导的肯定。

1986年5月，王永志担任东风-31固体远程机动战略导弹基本型系列的总设计师，1987年任总指挥，主持制订基本型方案，在3年多的时间里取得13项重大关键技术的突破性进展，转入初样。该导弹经局部改进发展成远程潜地导弹和陆基洲际导弹，这些导弹都是国防重器。王永志在战略导弹的研发上为我国做出了不可磨灭的贡献。

倡导研制"长二捆"，中国火箭出国门

在王永志1972年的笔记本里，他就已经提出火箭捆绑的概念，认为不能仅靠纵向加长、加级来提高运载能力，要想大幅提高运载能力，就要横向加助推器，通过捆绑技术形成大推力火箭，可发射8.8吨的人造卫星或者飞船。1985年，航天一院面对国家经济困难，需要转型。1986年，美国发生航天飞机爆炸等多起发

射事故，出现了世界运载危机，没有运载火箭可以发射航天飞机承揽的卫星。同年3月，王永志作为航天一院的副院长，与黄作义一起敏锐地觉察到这种机遇，立刻提出研制"长二捆"的想法，认为中国如果研制一款大型运载火箭，就正好可以打破美国的这一僵局，故打算主动出击，打探美国市场。

通过努力，黄作义带着三张火箭草图，到美国宣传中国火箭。同年4月，美国市场给予了反馈，他们对中国这样的火箭发射西方卫星很感兴趣。

1986年12月，王永志被任命为航天一院的院长，他和王德臣副院长开始组织班子设计火箭。使用什么样的助推？有什么样的关键技术？如何解决安全性、可靠性的问题？这些重大技术难

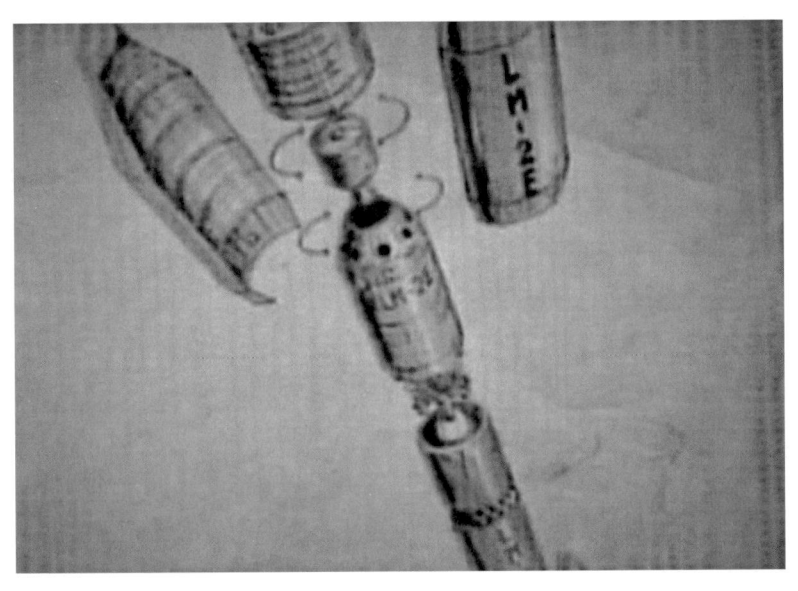

王永志的"长二捆"手绘草图

题，都等着研究解决。但当时国家没有该火箭的研制规划，也没有经费支持，国外又一直拖着不签合同，出现了极其困难的局面。王永志到处倡导宣传"长二捆"，希望上级机关支持，同时带领科研人员致力于解决上述问题。

合同签订拖到 1988 年 11 月。虽然签订了合同，但条款十分苛刻，要求必须在 1990 年 6 月 30 日前进行一次飞行试验，否则罚款 100 万美元。同年 12 月，国务院才批准"长二捆"立项，这就意味着研制时间只有 18 个月。这是王永志有生以来遇到的最大硬仗，中国航天能否搭上国际商业发射的班车，成败在此一举。

18 个月里的前 3 个月，院里首先干的就是出图。"长二捆"一共有 44 万张设计图纸，为了将这些蓝图全部按时输出，很多研究所日夜不分，灯火通明。

从近地轨道运载能力只有 2.5 吨的"长征二号丙"到运载量达到 8.8 吨的"长二捆"，从 44 万张图纸变成一飞冲天的火箭，这一路上艰辛无数。到 1990 年 6 月，经过 18 个月的顽强奋战，高约 50 米的硕大火箭愣是竖立在了发射台上。

在发射前期，加注温度极低的推进剂之后，由于西昌天气潮湿，推进剂贮箱表面开始出现冷凝水，沿外壁朝下流淌。工人师傅和基地人员把招待所里所有的毛巾都拿去擦凝结的水珠，当毛巾不够的时候，还专门跑到西昌市里去买毛巾。为了处理这次意外，火箭发射推迟，这又引发了另一场重大事故。

发射推迟时间一长，贮箱内已经加注的推进剂就开始侵蚀测量传感器的垫圈，而这些垫圈恰好与推进剂互不相容，导致推进剂泄漏。这种情况必须妥善处理，不然就会影响火箭的发射。现场指挥员开始以为是螺丝没拧紧，就让工人师傅进舱处置，但一拧螺丝，推进剂就泄漏得更加严重了。王永志和同事们讨论后，决定干脆放弃所有传感器，制作盖帽堵死所有传感器的孔洞。在交代完工作之后，王永志就回到宿舍短暂休息，过了一会儿，他不放心，又回到现场想看看工作的进度，当时工人师傅已经把第一个传感器拿走了，正在拿第二个。细心的他发现作业的师傅们都有点儿晕，尾舱中还有烟雾。王永志一看觉得不对："这不是中毒了吗？"师傅说不要紧，出去待一会儿就好了。但是王永志越看越觉得不对："出去就好了吗？你不是戴着防毒面具吗？怎么还会晕？这不就是中毒吗？"最后他想，还是因为毒气的浓度太大了，防毒面具失效了，不能再继续施工了，于是他赶紧喊了停工，建议朝舱内吹氮气，把毒气稀释，从而置换掉毒气。

当时的发射基地副司令胡世祥也在现场。他马上宣布集合部队，按王永志的建议组织实施。经过一番努力抢救，舱内操作环境变好，工人师傅终于将所有的传感器成功拆掉，堵住了孔洞。但这次毒气泄漏导致很多人中毒，甚至有工人师傅中毒后，都没有办法自己从尾舱里出来，是被人拖出来的。其中有一个师傅中毒最为严重，同时又有基础病，无法医治，最后牺牲。多年后，王永志谈到这一事故时，话语中仍然满是遗憾。他感慨道，要做成一件事，需要大家一起努力，有时候也需要付出一些代价，真的很不容易。

在科研团队的不懈努力之下，"长二捆"于1990年7月16日发射成功，实现了火箭技术的巨大突破，创造了中国航天史上的一个奇迹，不仅成功打入国际发射市场，也为中国载人航天的启动打下了良好的基础。

王永志在"长二捆"前留影

像鸟儿一样飞向蓝天，人类最美的梦

从远古时期人们第一次仰望绚烂的星空，到 14 世纪明朝的万户使用 47 支自制火箭第一次冲向天空，在人类的历史中，对天空的探索从来没有停止过。随着科技的不断发展，航天能力的发展水平成为一个国家彰显综合国力的标志。

二战结束后，美苏开始的军备竞赛逐渐延伸到航天领域。1961 年，苏联航天员加加林乘坐东方 1 号宇宙飞船从拜科努尔航天发射场起航，在最大高度为 301 千米的轨道上绕地球一周，历时 1 个小时 48 分钟，拉开了人类探索宇宙的大幕。

1969 年 7 月 16 日，巨大的土星 5 号火箭载着阿波罗 11 号宇宙飞船从美国卡纳维拉尔角肯尼迪航天中心点火升空，开始了人类首次登月的太空征程。美国的三名航天员搭乘阿波罗 11 号宇宙飞船跨越 38 万千米，踏上了月球表面。

20 世纪 80 年代，美国提出"星球大战计划"，剑指太空。为了在世界高新技术领域占有一席之地，我国制订了"863"计划（国家高技术研究发展计划），大力发展高新科技。载人航天领域的任务就落到了王永志这代人身上。

王永志一直保存着一本笔记本，上面清晰地写着 1992 年 2 月 10 日会议上提出的载人航天"三步走"战略设想。他在 1991 年 10 月就提出过该设想，意思就是对于"863"计划航天领域专家委员会拟制的飞船、空间站、航天飞机三个发展阶段，为使工

程实施衔接顺畅，在前面的两个阶段——飞船和空间站之间，增加一个"空间实验室"阶段，形成飞船、空间实验室、空间站"三步走"构想。1992年1月至6月，国家进行载人飞船工程技术经济可行性论证，王永志被任命为论证组组长。他组织论证了载人飞船工程技术途径，同时组织专家组论证了8吨级空间实验室的可行性。

"三步走"构想在1992年9月21日中央批准载人航天工程立项后成为中国载人航天"三步走"战略，王永志也被正式任命为载人航天工程的总设计师。那一年，他正好60岁。王永志刚接下这个担子，就感觉"压力贼大"，因为载人航天一旦捅娄子，就会危及航天员的生命，所以他在心里跟自己说，绝对不能出现失误。

航天工程是由航天员系统、载人飞船系统、运载火箭系统等八大系统组成的。作为工程总设计师，王永志不仅要对工程的重大决策负责，也要为各个系统的关键安全环节把关。上天的产品所需的元器件和零部件有好几十万个，王永志最关心的就是质量安全问题。他提出了10项安全要求，不管其他单位以前的安全制度规范和质量要求如何，一律要使用载人航天更高的要求和规范来统一标准。同时，他也积极推动实践"双想"和"归零"方针。

"双想"就是在每次发射之前要预想一下哪里可能会出事，再回想一下做过的准备中，哪一个是薄弱环节。"归零"就是要从故障源头查找问题，消除所有可能的隐患，按 5 条标准——问题定位要准确，机理必须清楚，故障要能复现，措施要确实有效，对相关项目要举一反三——把故障修复，彻底解决问题。在航天这个高风险的行业，安全可靠最为关键，归零是解决故障的核心途径。

王永志至今还记得神舟三号推迟发射的故事。当时人都已经进发射场了，但是通过测试发现了一个插座中有通路不导通的故障。试验队抱着归零的决心，不放过任何一个故障，最后认定这属于批次性问题，插座需重新设计投产，试验队全部撤场，不解决问题就不能发射。在这样高的安全标尺之下，我国的载人航天工程一直都在稳步进行。

2003 年 10 月 15 日，搭载航天员杨利伟的神舟五号飞船在酒泉卫星发射中心发射，迈出了中国人走向太空的第一步，也实现了中华民族的千年飞天梦。自此之后，直至 2022 年，我国一共有 16 名中国航天员造访了浩瀚的宇宙，而王永志最初设想的"三步走"战略也在 2022 年完成了。

正是王永志坚定的安全观、坚守每一道安全底线的精神，让近 20 年的岁月中，中国所有的航天员都平安归来。

王永志的一生正如一句诗所说的那样："火箭排云上九重，惊弦霹雳震长空。"从研制导弹到运送卫星上天，再到送中国人遨游太空并筹建"天宫"（中国空间站），王永志也实现了他的人生三步走。王永志说，他现在还在做着更大的航天梦。他说：

王永志（左）与杨利伟在发射前合影

"更壮丽的事业还在后头。航天人是一个不怕老的群体，因为永远都做梦的人是不怕变老的。就像苏东坡说的：'我欲乘风归去，又恐琼楼玉宇，高处不胜寒。起舞弄清影，何似在人间。'"王永志笑谈，苏东坡讲乘风归去，乘风不行，要乘就乘我们的神舟去；都说高处不胜寒，可是我们的航天员谁都不怕高处太冷、太寒；起舞弄清影，何似在人间，太空中的航天员每日三餐酷似在人间，就这样探索、遨游，实现着伟大的中国梦。

采访对话

没有文化是不行的

王永志： 我出生在伪满洲国。我上小学六年级的时候，日本倒台，这之前我们都不知道有中国。

王宁： 那个时候，能读书，对一个孩子意味着什么？

王永志： 我上学很不容易，如果学得不好，肯定不能继续，家里也不同意继续。所以我在课堂上必须把东西弄明白了，得记，回家的路上得背，一到家又得干活儿。

王宁： 在您心里，上学有着怎样的分量？

王永志： 我感到没有文化太容易被人家欺负了，我的大哥曾经当着全家人的面跪在地上，就因为出荷粮交得不足，被人欺负。所以我一直有这么个信念，没有文化是绝对不行的。

要学到底

1952年,王永志如愿考上了清华大学航空系,学习飞机设计专业。1955年,他因为成绩优异被派往莫斯科留学。两年之后,他又因为国家需要,改学了火箭和导弹设计专业。

王宁:我查资料看到,您是当年在苏联学习的同学中,唯一一个留下学完导弹的,是吗?

王永志:当时学导弹的有8个人,但是那7位因为中苏关系破裂,就不再去了,中途退出来了,但是也基本学完了,最后就把我一个人留在那儿了。

王宁:为什么您一个人坚持在那儿学?

王永志(左三)与同学

王永志：学习就要学到底。在学习的过程中，我认准了战略导弹这个方向，尤其是远程的。不是有句话嘛，"谁敢轻举妄动，我把你老家给掀翻了"，听着就带劲。毕业一回来，我是先从小型导弹开始的，就是中近程的东风二号。

敢想敢说的年轻人

1964 年 6 月，刚刚留学回国只有 3 年的王永志，参与了我国东风二号导弹第二发的发射。而就在试射前夕，高温导致推进剂膨胀，不能灌进足够的推进剂，这样一来，弹头没有办法达到计划的射程。很多专家提出来的方案都难以解决问题，发射陷入了僵局。

王永志：咱们用的氧化剂是液氧，燃烧剂是酒精，这个东西得是低温的，但是酒精就不行了，外头一热，它很快就膨胀。这个时候，在消耗的过程中，混合比就变了，大家都想往里加酒精，加得越多，死重越大。你要把这东西提前就去掉，轻装前进，这个一轻，弹头就减轻了，这就飞得远了。

王宁：但是当时您才三十出头，在团队里算年轻的，您就敢这么直接找钱学森去谈您的想法？

王永志：当时，大家面对这个大胆的想法，谁也不信，谁也不接受。所以在这种情况下，我就很着急。这是大事，白打一发，打不到弹道区，得不到参数，可怎么办？眼下没有别的办法了。于是我壮着胆子就把钱学森的门给敲开了。结果跟他一谈还真不一样，他一听，对，有道理，最后就采纳了。

1964年6月29日，东风二号导弹发射成功，这标志着我国的导弹事业从此走上了自行设计的道路，而钱学森也因此记住了这样一位敢想敢说的年轻人。

王宁：从东风二号设计时的逆向思维，到液体远程机动战略导弹的小型化、轻量化，您一直让自己保持在创新最前沿，您的动力是什么？

王永志：你要想真的有点儿创新思想，你就必须心里有底，

我扶着王老行走

但是又得有勇气，勇气是出于事业心、责任感。这点我倒是确实挺认真的，我一定要以国家的需求、国家的利益为准绳，不能本位主义，更不能个人主义。

干成一件事需要付出代价

王永志：1986年10月，休斯公司代表团来航天部了，协调了怎么发射它的卫星，很积极。一到1988年，休斯（公司）和澳大利亚同意了，用中国的"长二捆"发射澳大利亚卫星，11月1日签了合同。

这是一份条件非常苛刻的合同，在对方不提供有关卫星技术的情况之下，"长二捆"必须在1990年6月30日之前进行一次正常的飞行试验。从44万张图纸到一飞冲天的"长二捆"，这一路上有无数的艰辛甚至牺牲。就在火箭发射前夕，传感器密封垫圈失效，导致推进剂泄漏，进入舱内操作的工人因此中毒了。

王永志：从原则上看，戴着防毒面具怎么还会晕，会中毒呢？我说，不管如何，停下来，别干了。我一到现场就发现，中毒的有反应了，不舒服了，其中有一个师傅中毒最厉害，再加其他的病一起，就牺牲了。干成一件事真是得付出代价，取得一定成绩不容易。

迈出空间站梦想的第一步

1991年10月,王永志提出《以飞船为基础构建空间实验室的设想》。1992年2月,刚进入"921"工程(中国载人航天工程)的可行性论证阶段,王永志便把这份材料给了国防科学技术工业委员会的丁衡高主任。丁主任圈阅后,王永志便组织一个专家组专题论证8吨级空间实验室的可用性。王老的笔记本清晰地记录了当年第一次会议的纪要。

王宁: 我手里一直拿着这个本子,本子里特清晰地记着,1992年2月10日,当时大家都在过年,您已经开始组织技术方案的可行性论证。这个年过得很有故事吧?

王永志: 你一提起这个我就想起来了,要我当论证组组长。这个时候给我的论证组的要求,就是在确保安全可靠的前提下,体现中国特色和技术进步。从载人飞船,到空间实验室,最后到空间站,我们的构想最终成了中国载人航天工程的"三步走"战略。

采访手记

更壮丽的事业在后头

"王永志"这个名字第一次在我的脑海中留下深刻印象，是在我看一个讲述"两弹一星"元勋钱学森的节目时。在神舟五号飞船发射成功后，大家去看望钱学森。钱老在病床上问了一句话："王永志还在干吧？"看到这个细节的时候，我很好奇：王永志是个什么样的人？为什么他让钱老如此念念不忘？

走进王永志院士的家，扑面而来的气息就是简洁。环顾四周，我也没有找到任何跟航天器和导弹有关的物件或模型。他生命里了不起的荣光在家里并没有什么印记。面对我的不解，王老笑着说，那些都是回忆了，都摆在屋子里做什么呢，还不如这样清净一点儿。整洁、高效是王老一生的追求。

尽管王老在家里刻意和航天元素保持了距离，但实际上他的心思从未离开载人航天事业。我们把采访他的时间特意选在了神舟十三号飞船返回的那天。直播开始，我留意到摆在桌上的水果，王老一点儿都没动，水也没喝一口。他的心，一直紧紧地被返航中的飞船揪着。直到三名航天员都安全着陆，我们的采访才正式开始。

豪气外露和细致谨慎是两种完全不同的特质，但是在王老身上，我发现他能够将它们很好地统一在一起。当我问他年轻时为什么要学导弹的时候，他说："我就瞄准着战略导弹，谁敢轻举妄动，我把你老家给掀翻了。"搞战略导弹的他是豪气干云的，而说到担任载人航天工程的首任总设计师时的感受，他却说"压力贼大"。今天听起来是有些有趣的东北话，当年却是实打实的"压力山大"。

2003年10月15日，搭载航天员杨利伟的神舟五号飞船在酒泉卫星发射中心发射，标志着中国人向太空迈出了第一步，实现了中华民族的千年飞天梦。飞天梦圆的背后，却是无数个问号要点滴落实。神舟一号飞船的落地位置为何突然要更改？神舟三号的发射时间已经确定，为何突然又推迟了3个月？杨利伟上天之前，中国并没有做大动物实验，如何确保他的绝对安全？这些艰难的决定都需要王永志顶着压力拍板。做决策，需要科学的头脑，更需要过人的胆识。中国航天前进的每一步，都是艰辛的跋涉、无畏的付出。

采访王老时,他的满头白发提醒着我,距离他开始担任中国载人航天工程的首任总设计师已经过去30年。1992年9月21日,是一个可以载入中国航天史的日子,这一天,中国载人航天工程正式立项,代号为"921"工程。王老被正式任命为载人航天工程的总设计师,那一年,他已经60岁了。作为首任总设计师,他背负着亿万中国人的飞天梦想。"任命我当总设计师,我马上就想,万一砸在我手里怎么办呢?把航天员给摔了怎么办?绝对不能出这个事!一定要做到绝对安全!"

采访中,我在王老的家里找到了20世纪90年代的一本会议记录本。1992年的春节,当人们在爆竹声中欢度新春时,王永志

王老向我讲述笔记本背后的故事

在笔记本上写下了中国载人航天事业的"三步走"设想。这是中国载人航天的起点。也是在这本笔记本上，他郑重地写下了"安全可靠"这个和生命一样珍贵的承诺。

载人航天工程的重中之重，就是保障航天员的人身安全。在当时的航天界，把人送上太空之前，都要进行多次大动物实验。但是我们如果要重走这条路，所需时间成本和经济成本都将是巨大的。如果不做大动物实验，怎么确保航天员万无一失，绝对安全？对王老来说，这是一个巨大的考验。直到今天，王永志老先生仍然一字千钧："不做大动物实验，在这个决策中，提议者责无旁贷。不管多少人参与讨论，提议者都要负主要责任。我，就是提议者。"

因为《吾家吾国》曾经采访了中国航天惯性导航的奠基人陆元九老先生，我对航天的"归零"制度牢记在心。100分才合格的"归零"制度，是航天人最重视的制度基础。一旦在某个环节中出现安全事故，就要把所有环节从第一步到最后一步从零开始进行检查。我很想知道，王老在碰到"归零"事件的时候，会怎么处理？没想到，王老告诉我："从来没有一次归零到我这里。我的目标是零失误。最终证明，我也确实做到了这一点。"在载人航天的人类征程中，美国、俄罗斯（苏联）等国家牺牲了22名航天员，中国的这一数字是0。"绝对安全"是王永志对中国航天的诺言，也是他在航天旅程中的骄傲。

采访中，老伴儿王丹阳一直陪伴着王老，过去的很多细节，她记得比王老还清楚。王丹阳是和王永志一个时期留苏的，回国后成为地质专家，参与过大庆油田的开发。但是为了照顾王永志，她改了行，硬是把自己练成了俄语、英语、日语、德语全通的翻译人才。他们家里一直收藏着一本两人共同翻译的《同步通信卫星的发射》，那是他们在唐山大地震余震后的工棚里，花了近一年的时间翻译整理出来的。这本书成为所有参加我国同步通信卫星和火箭研制的技术人员学习航天专业的案头书。40多年过去了，王丹阳依然珍藏着这本书，它凝结着一对患难与共的航天人对这份事业的执着热爱。

被问起他们相爱的故事，王丹阳阿姨用半开玩笑的语气回答："那时候大家都说，我学地质的是越钻越深，他搞航天的是

王永志夫妇向我展示珍贵的文献资料

越飞越高，我们俩肯定成不了。结果我们还是在一起了，而且是一辈子。"

在补拍的结婚照里，这对伉俪的深情跃然纸上，甜蜜在心。没有家人的付出和爱，爱情怎会飞得高，事业又怎会飞得远？这是他们一生相爱的秘诀。从研制导弹到运卫星上天，再到送中国人遨游太空并筹建"天宫"，王老实现了他的人生三步走，也完成了中国航天的接续奋斗。如今王老的儿孙辈，也都投身到了航天事业当中。

英雄暮年，壮心不已。现在的王永志老先生喜欢在家养花种草，他说这些接地气的花草让他能够更亲近自然，这让他常想起东北老家的黑土地。闲暇之余，他还喜欢听古诗词朗诵。我问他最喜欢的诗词是什么，他张口就来的依然还是天上的事儿："明月几时有，把酒问青天，不知天上宫阙，今夕是何年。"他仍然牵挂着天宫，而天宫也有牵挂他的人。在他90岁生日的时候，神舟十四号上的航天员刘洋从空间站给他送来了特殊的生日祝福，这祝福响彻太空。

王永志老先生告诉我，他最初设想的中国航天三步走已经完成，现在，他期待着第四步，希望能够看到中国人尽早登月，在月球上建造科考站。他豪迈地说：更壮丽的事业，还在后头。

—— 寄语 ——

圆梦飞天
王永志
18/3-2022

吾家吾国　/ 王永志

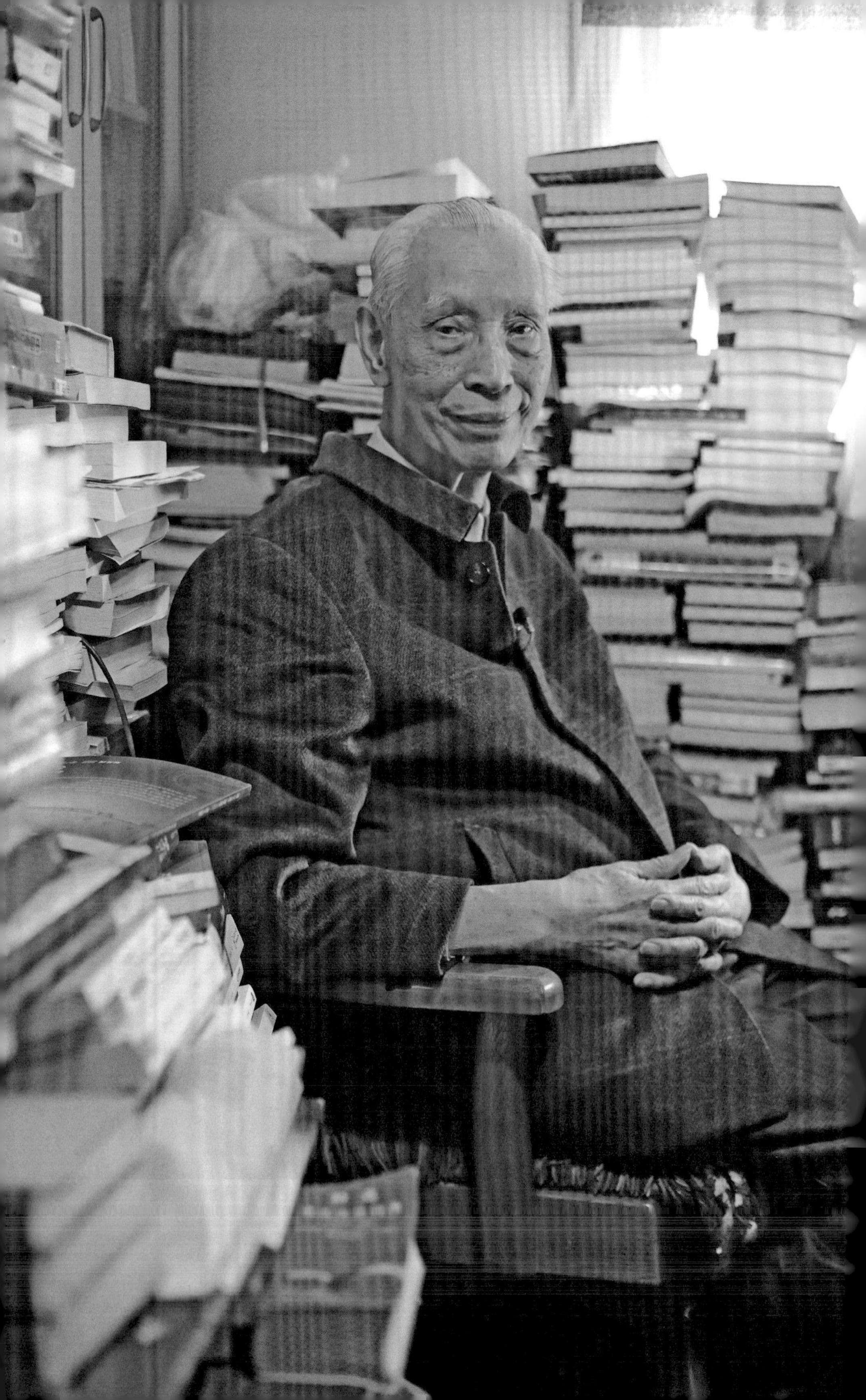

陆俭明
穿过语言的丛林

陆俭明,生于1935年,江苏吴县(今属江苏苏州)人。1960年7月毕业于北京大学中文系并留校任教,1985年晋升为教授。现任国家语委咨询委员会委员,以及南京大学、武汉大学、北京师范大学、北京语言大学等17所高等院校荣誉教授。曾任世界汉语教学学会会长、国际中国语言学学会会长、中国语言学会副会长、北京大学汉语语言学研究中心主任、北京大学计算语言学研究所副所长、北京大学文科学术委员会委员、新加坡教育部课程发展署华文顾问等职。曾主持和参与多个省部级以上的科研项目,在学界被誉为20世纪中国现代汉语语法研究八大家之一。

― 人物小传 ―

现代汉语语法八大家之一

为了迎接新千年,东北师范大学回顾过去百年间的现代汉语研究,总结编订"八大家"丛书,朱德熙教授、陆俭明教授师生二人在列,为丛书作序的季羡林在序言中写道,"所推八家,实慎重考虑、缜密权衡之结果,对'大家'之名,均当之无愧。此举实有对20世纪中国汉语语法研究做阶段性总结之含义。这也是顺乎学术发展潮流、应乎业内学人心声之做法,一定会受到学术界广泛的欢迎",情深意切地表达了大家对"大家"的认可。

1955年,陆俭明考入北京大学中文系。作为一名小职员的儿子,解放战争改变了他当一名店铺学徒的命运,新中国使他进入了中国的最高学府之一。在课业之外，陆俭明也时常留心各类中文最新研究成果和文艺作品，《现代汉语语法》之类的书夹杂其中，并没有引起陆俭明特别的注意。他不知道的是，这本书的作者朱德熙教授，日后将成为他的导师，将他从文学研究引到现代汉语语法研究的道路上，彻底地改变他的学术轨迹。

刚刚考入中文系的陆俭明一心想在本专业取得建树，他注意到当时文艺界还没有一本全面描写抗日战争和解放战争的作品，于是决心结合自己的经历，构思一部小说。这个计划很快发生了变化。中文系对陆俭明等一批学生进行谈话，希望他们转向汉语语法研究方面，陆俭明如同3年前由清华电机系转向北大中文系一样，按照党和国家文化建设的实际需要，改变了自己的研究方向。

当时，王力、魏建功、高名凯、岑麒祥、袁家骅、周祖谟、朱德熙、杨伯峻等人都承担了语言学方面的本科生课程教学工作，特别是其中的朱德熙教授，在研究方法等方面长远地影响了陆俭明。一方面，朱德熙先生有着严谨细致的研究作风。朱德熙先生在写文章时，从构思到文字，总是反复思考、反复修改；稿子写就后，常常拿给挚友和学生看，广泛收集意见，然后反复修改，直到满意为止。另一方面，朱德熙先生平等待人、提携后学的精神十分令人敬佩。作为公认的汉语语法学界权威，朱德熙先生从不以权威自居，总是和学生平等对话。1983年，《语法讲义》重印，朱德熙先生在"重印题记"里特意提到，有一处观点"是陆俭明同志告诉我的"。朱德熙先生严格对待学术，平等对待学生。在这样的教育和影响下，陆俭明教授在汉语语法研究的方向上深深扎根。

尽管大部分人都不认为语法研究与自己的生活有关系，但从今天来看，朱德熙一代学人的现代汉语语法研究牵涉文化建设最核心的工作——1919年五四运动以来，白话的使用日益风行，但是与白话的使用相比，以白话为代表的现代汉语没有自己成体系的语法。

《马氏文通》在19世纪末综合秦汉后一千年的文言文材料，通过对印欧语法研究方法的模仿，开创了汉语语法研究的新纪元。但是如何重新辨明《马氏文通》在研究中的语焉不详之处，如何在避免对印欧语系语法的过度借鉴后形成属于现代汉语的语法逻辑，这些成为后来的研究者所面临的巨大困难。

朱德熙和他的同事一面埋头书海，一面积极地通过广播、报刊跟大众的语言习惯保持沟通，逐步从无数的语言现象中萃取了珍贵的本质。

从朱德熙教授遗留的作品来看，其中多半是他通过语法变换这个范式取得的研究成果，其余则主要是他以中学生作文、新闻通讯为对象发表在各处的批改意见，研究成果以这种方式直接用于矫正语法错误和养成人民群众正确的语法习惯上，语法研究这座象牙塔没有把朱德熙教授圈禁起来。延续朱德熙教授的做法，陆俭明教授也时常通过电子邮件回复名不见经传的语法研究者的学术问题，在知乎和豆瓣上，年轻学者们常常赞叹陆老的不厌其烦和回复效率。对于这种学风，陆俭明教授概括道："语法研究要有心，有用。"

治学有心，为学有用

现代汉语研究的原则是什么？

"有心，有用。"

如果说"形式、功能、认知"是穿过语言研究这片丛林的三大路径，那么"有心、有用"就是陆俭明教授穿过现代汉语研究这片丛林的罗盘与开山刀。跟笔下生花、尽情开拓的文学创作不同，语言学家站在语言现象的另一端。语言文字作品枝繁叶茂、百花齐放，语言学家却只能把这作为起点，在乱花之间寻找叶脉和根系，旨在为一门语言的一切字句、音形寻找一种合理性和一种理论体系。自1960年受聘留校以来，陆俭明教授和他的同侪接续前人，筚路蓝缕，以启山林，在这条没有终点的路上前进了60余年。

"国家需要就是我的志愿"，抱着这样的初心，大学三年级时，陆俭明服从安排，转去了语言专业。从那时起，陆俭明深刻地感受到了语言学近似生物学和化学的性质，在语言班上，他与现代汉语的本体研究结缘，也遇到了一生的伴侣——当时只有17岁的马真。谈及这两段缘分，陆俭明深感幸运。

马真在后来的学术研究和日常生活中，给予了陆俭明先生知音、搭档和伴侣的三重支持，二老在彼此的人生中留下了深刻的印迹。两个语言学家的爱情简单、自然，无论是在生活上还是学术上，他们两个人都无话不说。他们在教育事业上的态度也非常一致，都提倡学生勤于思考，致力于培养学生发现问题、解决问题的能力，只有拥有了这种能力，知识才能变成自己的，人家永远都偷不走。在马真眼中，"我们的共同语言很多，在生活上、学术上都是如此。有一次我们拍金婚50年的照片，我就说了一句，'追求真理只为明，明辨是非但求真'，就把我们俩的名字都落在里头了"。

转向语法研究后，陆俭明很快展露了过人的才华。

陆俭明夫妇（左六、左七）参加研讨会

在1958年国庆前夕，陆俭明、马真和当时班上的其他同学集体为国庆献礼——收录成语近3 000条的《汉语成语小词典》。从开始准备到最后交付出版，只用了六周。其间，参与编写的同学连同指导老师，每天只睡三四个小时。在整个编写过程中，大家生活在彼此理解、信任的融洽友情之中，形成了难能可贵的集体协作精神、直率的学术风格和人人珍视的凝聚力，保证了词典编写按时保质保量完成，陆俭明教授受到了一次扎实而又严格的科研训练。这本集体编写的《汉语成语小词典》到现在已经发行到第6版，跨越时代，历久弥新。

1959年，陆俭明教授在《中国语文》上发表了《现代汉语中

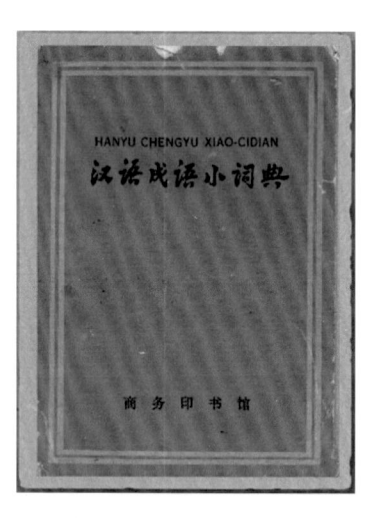

1958年，陆俭明和夫人马真在北京大学读书时，和语言班的同学们共同参与编写的《汉语成语小词典》

一个新的语助词"看"》一文。这篇文章由于论证充分，分析得当，其观点和意见被汉语语法学界普遍接受。这篇处女作也成为陆先生日后科研的奠基之作。

当年由陆俭明的老师参与编订的《现代汉语词典》，在第5版和第6版的修订中，接力棒交到了陆俭明教授手中。2012年，陆俭明教授作为词典审定委员会委员，力主把239个字母词加入词典，引发了轩然大波。有人上告称《现代汉语词典（第6版）》"违法"，并认为"这会让汉语变成不汉不英的语言"，"影响和危及汉语言的安全"，也有人认为这是"汉语危机"。陆俭明教授为此公开发声解释："五四运动后，有一个时期，大量外语词进入汉语，既有意译的，也有音译的，还有大量原文的，但随着时间的推移，绝大部分逐渐为汉语汉字所替代……相反，汉语在与蒙古语、满语的接触过程中吸收了不少蒙古语和满语的词汇与语法表达格式，为我所用，从而丰富和发展了汉语。"作为一个有心人，陆俭明教授也关注网络热词的变动，在"语用"的范畴内，过去的语言体系正在受到挑战。在陆俭明教授眼中，我们的日常口语也许正是上个时代语言文字的化石，新的语言实践和跨文化交流碰撞为一门语言提供了新的可能。要实现这一点，不同于其他学科在纸面和对撞机中寻找新的理论，日常的听和说就是陆俭明教授的演算与实验。

"辞书修订无止境"是陆俭明教授的原则。在研究方法上，陆俭明教授认为"发现问题"是研究的起点，他十分擅长从文献

陆俭明夫妇与我在书店选购词典

和生活的实际中发现问题并广泛收集语料以进行研究。一个普通的日子里，在回家的通勤车上，陆俭明教授注意到身边一位患有口吃的乘客正在同朋友交谈，虽然对话磕磕绊绊，但他仍然大致听出这是一位数学研究者，正在向朋友介绍自己最近在读的书。他飞快地意识到，在口吃者和普通语言使用者之间，语言的结构和使用规则应该存在着巨大的差别，在征得口吃者的同意后，陆俭明教授立刻把他邀请到学校，认真记录了他的语言习惯，写成了一篇生动的语言结构方面的论文。

在词典编写过程中，每一个注释都要经过细细考量。陆俭明教授最出名的事迹，是在饭店门口与同行者进行关于量词"位"

的探讨。一行人特地在饭店门口调查，发现九十几拨顾客中大部分在答话时用了"位"，只有少数几拨顾客用了"个"，最终他从量词"位"的用法变异中总结出汉语的"应答协调一致性原则"。对于陆俭明教授来说，这份"较真儿"格外重要，他坚持认为语言研究源自生活事实，而非专家权威。

退休之后三分之二的时间，陆俭明教授和夫人马真教授都在国内外做汉语语言研究的宣讲，他的学生遍布世界。在外人看来枯燥无味的语言学研究，陆俭明教授却乐在其中。他说，研究的乐趣就在于能够不断地发现问题，发现问题以后细心地去研究、分析，最后解决，这个过程会给人一种成就感。

除了现代汉语语法研究，陆俭明教授也致力于教学研究，他尤其关心中小学阶段的基础教学和对外汉语教学。

陆俭明教授曾就教学诀窍的问题请教朱德熙先生，后者说了一句使他一辈子都忘不了的话："要多从学生的角度着想、考虑。"

陆俭明把这句话铭记在心。20世纪70年代末，北大迎来"文革"后第一批经高考录取的大学生。为了让学生多做练习，陆俭明学会了刻蜡版。至今，很多学生仍保留着当年他亲手刻的练习和标注的批语。

1996年，陆俭明教授牵头编写的《现代汉语》教材荣获国家教委教材一等奖；2003年，由他主持的基础课程"现代汉语"被评为国家级精品课程。2003年9月，陆俭明荣获中国第一届高等学校教学名师奖。尽管如此，他仍习惯把自己称作"北大教员"。

陆先生最让学生们钦佩的是在知识面前从来不耻下问，经常向学生求教。他曾经说："在学术上我们是平等关系，不要以为我是老师，学生就都得听我的，不能那样。我们这个课要经常讨论，讨论就要发表不同的意见，有不同想法都要来谈。脸皮要厚，也就是不要怕露怯。学术的前进，就是不同观点的碰撞，发出火花。"

新千年的现代汉语研究

卡尔维诺在他的《新千年文学备忘录》中表达了一种担忧，即语言世界的一部分变得沉重，逐渐石化。因为事实上，不能适应变动确实夺去了一些语言文字的生命，比如在过去的一千年里，拉丁语凝固而成为一门死语。由于自身职业，陆俭明教授最先感受到这部分变化，他在展望汉语研究和汉语自身发展时写道："跨入 21 世纪后的汉语应用研究应以两个方面为重点：一个是适应中文信息处理需要的现代汉语应用研究，另一个是适应语言教学（包括语文教学和对外汉语教学）需要的现代汉语应用研究。"他认为，在今天，我们不仅要认识语言的工具性，更要认识它的资源性。在当今社会，一个人的语言素养与语言能力，包括外语能力，已经成为与他人进行竞争的一个重要条件。中国语言生活需要越来越多的人来关注，来研究，目的是建设和谐的语言生活，增强全民的语言意识。

在《汉语和汉语研究十五讲》中，陆俭明教授对汉语发展面临的机会和危机的认识是这样的:"一是随着社会进入知识经济时代,时代和社会对国民的知识水平、人文科技素养的要求越来越高。二是反过来从近十年的情况看,广大国民,包括在校的大学生和研究生,其语文水平与语文修养普遍存在着下滑的趋势。……语文水平与语文修养下降的问题虽然大多出现和暴露在大学生阶段,原因则不能不到中学乃至小学的语文教学中去找。……所以对中小学语文教学的改革问题,必须从更为广阔的视角来加以审视。"

而对于对外汉语教学,陆俭明教授认为,在这类教学过程中,更容易碰到和发现平时注意不到的语法问题,这方面的问题不仅有教学的实用价值,其实更有理论意义。在教学实践中,外国留学生的语法病句常常会成为我们语法研究的新突破口。无疑,对外汉语教学对现代汉语语法研究不但提出了挑战,而且起了一种促进的作用。

现代汉语犹如一只蝉,在地下的黑暗中沉默地孕育着新生,在以陆俭明教授为代表的一代代语言学家"有心、有用"的努力下,从古老文化和外界的剧烈变动中吸收养分,在近100年的努力后飞上高枝,担起跨文化传播的责任,向着跨系统信息交互的最前沿发声,尝试让一种语言超越南北东西,超越人类与计算机的认知隔阂,实现"居高声自远,非是藉秋风"。

采访对话

书海遨游，求语言真意

进入北京大学中文系之后，陆俭明和马真两个人为了研究语言，在学习中慢慢积攒了许多书，这些书现在把家塞得满满当当的。

王宁：这个书房太让人震撼了，有一种完全掉进书堆里的感觉。

陆俭明：里边儿的这些书，柜子里的书，我都要搬走，我一般会把重要的书都拿到外边看。

王宁：这都是您日常会用到的书吗？

陆俭明：对。

王宁：您的学生们看到您这些书是什么反应？

陆俭明：有一段时间，人家要给我的书房取名，说有的时候是"曲径通幽"，有的时候是"山峦起伏"。

在很多人看来，研究语言的过程是枯燥乏味的，当我向二老问起学习语言学的乐趣是什么的时候，他们告诉我，这是一种研究的乐趣，是严谨带来的乐趣。

饭店里数出来的"语言原则"

王宁：据说您以前在吃饭时，会在饭店里数进来是几个人？

陆俭明：那时候已经进入21世纪，原来有一种说法，汉语里边有个量词叫"位"，一位、两位，那么词典上也好，教科书上也好，都说"位"是量词，用于人，但是有敬意、尊重的意思。但"位"不能用在自己身上，不能说我是一位教师，你不能那么说。只能说他是一位广播员，他是一位教师；不能说我是一位上海人，你只能说我是一个上海人。

王宁：没错，还真是这样。您为什么要关注这个问题？

陆俭明："这位来自上海"，是对别人的一种尊重。但问题是，我那天发现，我们现在不是这样了。现在的饭店，比较好的饭店门口都有服务员，进门就问"请问几位"，我就好好数，5位，我就说5位。等我们坐下来，有个日本老师就问了，他说陆先生，"位"的用法现在是不是变了。我说没变。他说不对，变了。他就跟我讲,他说我们学的时候,都说"位"不能用于第一人称,可是刚才人家问你几位,你说5位。我说在这个场合只能说我们5位,你不能说我们5个。为了说明实际的情况到底是怎么样的,我拿了个录音机,到高档饭店的厅堂假装等人。

王宁:就为了这一个字,您专门去做调研了?

陆俭明:一共等了九十几拨人。

王宁:九十几拨,您发现了什么?

陆俭明:只有少数情况用"个",什么情况用"个"——"请问几位?就我一个","请问几位?就我们俩","请问几位?就我们仨"。其他都用"位"。

王宁:直到现在,我们很多人都还在用"位"表达。您看,40年过去了,这个习惯大家还是没改。

陆俭明:因此我写了一篇文章,而且提出了一个原则,这是涉及会话的问题,有个会话原则。还有一个,现在很多人养宠物。在小区里边,早晨起来,看见养宠物的,我就问他,我说你养几条狗,(他说)就一条。如果我用"只"问他,他就会用"只"回答我;我用"条",他就会用"条"回答我。不会说我问他家里养几条狗,他回答我就养了一只。

王宁:仔细琢磨一下,还真是如此。这是我们生活中完全不会在意的事情,每个人都会说话,可是要说得完全准确真的很难。

陆俭明:后来我又注意到,抽烟的人,烟可以说一根,看到抽烟的人,我问他一天要抽几支,他回答一天大概七八支,但如果我用"根"向他提问，他一定会用"根"回答。因此我说这个叫应答协调一致性原则。应答就是，我来回答的时候，对方用什么词，我就用什么词。

辞海无涯，须精益求精

王宁：现在《现代汉语词典》都已经修订到第7版了，可能大家都认为它的准确性肯定没有问题了，为什么您还能不断地从中发现问题？

陆俭明：辞书修订无止境，这是辞书学界的一个普遍认识。因为语言是随着社会的发展而发展变化的，社会发展很快，这个反映在词汇上，就会出现一些新词、一些老词。词典要跟着社会往前走，必然要吸收一部分新词，去掉一部分老词。更重要的是词的释义，比如说（《现代汉语词典》）第5版以前，馒头原来是怎么说的？一种用发酵的面粉蒸成的食品，但发酵了以后还能叫面粉吗？

王宁：您让我看到了语言学是细致的科学，来不得半点儿凑合和差不多。

相濡以沫，数十载见真情

王宁：马老，陆老说他其实特别喜欢吃肥肉，可是因为您不吃，他也就不吃了。

马真：可是到外地去开会了，那东坡肘子来了，我在旁边也没说话。

王宁：这是爱的包容。

马真：我想这种偶尔一次没什么，让他高兴高兴。生活里的琐碎我们从来不计较。我们的价值观念一样，不会因为琐碎小事争吵。

王宁：这是不是你们相濡以沫60多年的秘诀？

马真：我认为真情是金钱买不来的财富。知识是财富，我首先要抓住知识。另外，真情是更重要的财富，是钱买不来的。我只对一个人有要求，就是我的另一半。

王宁：什么要求？

马真：就是他必须是真诚的、真心的，让我感到他是最真诚的。

陆俭明夫妇（右、中）与友人

采访手记

一生事,一世情

世间深情处,往往都藏着懂得。相伴而行的两个人,纵然性格迥异,习惯迥然,但只要彼此心里对"懂得"二字有着同样的认知,那么相濡以沫便不过是生活本能,再细碎的日子也能活出真我与生命的意义。如何才算是懂得呢?你在乎的,我也在乎;你所追求的,也是我的理想;我们可以为真理辩论,却不为琐事争吵。这样的相知,是最难得的。

采访陆俭明老先生,是我一直以来的心愿。作为主持人,我最常用的一个工具就是《现代汉语词典》。每次有读音、词语意思不太确定的时候,我都依靠最新版的现代汉语词典来解决难题,

陆俭明夫妇

在我看来，这本词典就是我的"语文老师"，而陆老就是"语文老师们的语文老师"。当走进陆老的家时，我才发觉，原来我面对的是语言学界的"神雕侠侣"——陆老和他的夫人马真教授，他们是一对工作和生活都紧密相连、无法拆分的知心爱人。参与编纂我国第一本白话文版的《汉语成语小词典》时，他们都还只是北大中文系的学生，而现在，《现代汉语词典》已经更新到了第7版，80多岁高龄的他们仍然在为《现代汉语词典》修订再版的审定工作忙碌着。所有词的解释，所有音的标注，他们都要拿着心中的放大镜逐一检视，仔细非常。

在《现代汉语词典》中，"馒头"的解释有什么不同？"优异"这个词的释义如何才能更准确？他们为什么要为了一个词语反复争论、反复推敲？这些故事听起来都很有意思，而谈笑风生的背后却是他们高度严谨的学术素养，数十年如一日，从未松懈。

两位老人说，他们平时在家里看到电视节目或者报纸中出现语法错误的时候，经常会一起讨论研究。这让我有些忐忑，担心我问出的问题会出现语法毛病。我如果用"给力""内卷""躺平"这些时髦的用语，会不会被批评？结果他们的态度比我想象的更温和。马真教授说："语言学家只有解释的义务，没有规定的权利。"他们甚至说，像"给力"这样的词已经成为汉语共同语，可以被编入词典了。因为每一个新词的出现都承载着时代发展的痕迹，对网络热词的包容态度，也体现着语言学家应有的专业精神。

采访中，我们拿着词典讨论着一些字词的释义和用法，咬文嚼字的快乐原来如此简单。我的眼前也隐隐浮现了中学那位长发及腰的语文老师的身影。回想少年时代，我之所以产生了成为媒体人的愿望，源头就是讲台上文字潇洒、语言生动的她。她带我走进了精妙和丰富的文字世界，激发了我对文学的热爱、对文字的敬畏。

我面前的这两位老人，语文教育是他们执着一生的事业。他们的学生詹卫东写下了一副对联——"探绩发微求同辩异神游虚词幻境，钩沉致远去伪存真气贯汉语乾坤"，上联说的是马真教授，下联写的是陆老。也许，很多人都以为一生择一事的幸运是挖通了一条人生的水渠，殊不知一个人投入的深情与热爱才是这条水渠的水源。我不觉想起周止庵对辛弃疾的评价："稼轩固是才大，然情至处，后人万不能及。"如若没有"情至"，仅有"才大"，那是万万写不出不朽经典的。

一生研究语言，两位老人自己出版的书很多，《汉语和汉语研究十五讲》《现代汉语语法研究教程》《现代汉语虚词研究方法论》都是两位老人在语言学研究上的成果。陆老的《现代汉语语法研究教程》已经成为这门专业的学生必读参考书。我采访过很多科学家，每次他们钻研的领域都让我感觉深不可测，我以为这次采访一位语言学家，可算找到我能够读懂、可以交流的学科了，没想到翻开陆老的专业书，满纸都是汉字，但是一时半会儿并不容易懂。陆老开玩笑地说，看起来浪漫十足的语言研究，其实是一门浪漫不足、严谨务实的科学学科，需要人耐住寂寞，甘于平淡，老老实实用一生来研究。

走进老先生的书房，是曲曲折折、几乎看不到边际的"书山"。两鬓雪白的陆老在"书山"中端坐，笑得从容。这个瞬间，看得我心里一热。陆老说："这都是已经整理的，过去的书更多，有时曲径通幽，有时高山起伏，这屋子里就是一片山峦起伏。"如山的积累，塑造了陆老山一般的性格，在文字的世界里，不容马虎，不惧艰难，不舍昼夜。这些山一样的书，是中国语言学家精神的基座。

尽管他们常年埋首书堆，但让我惊讶的是他们的世界视野。采访时正是冬奥会闭幕后不久，两位老人尽管没怎么直接参与过

我与陆俭明先生在他的"书山"中共同阅读

冬季体育运动，但是开幕式及比赛中那种开放、自信、灿烂的情绪让他们兴奋不已：在认可自己文明的同时，多与世界对话，尽享美美与共。作为汉语研究的专家，两人身上毫无保守、传统之气。他们常常出国访学、上课，和世界各地的汉语教师交流，朋友遍天下。

因为采访时间比较长，陆老、马老邀请我和他们一起吃午饭。菜式很简单，是陆老的家乡菜：腌笃鲜。陆老的厨艺是他的得意之事，旁人插不上手。马老笑着说，因为他炒菜也是按照写文章的方式，逻辑要严密，文字求细致。于是，马老的钟爱也就成了陆老做饭的动力。两人一人做饭、一人洗碗，完美合拍，令人艳羡。后来这段被剪辑进了节目，有网友开玩笑地评论道，我们的节目很像"回娘家"，特别亲切。

临走时，我看到客厅里有一大堆书，它们是近期两位老人清理更新的，准备让学生来按需取用。我有幸选了两本，其中一本是文学类的《英国经典散文选》。成为一名文学家，是两位老人当初走进北大中文系时的梦想。但是因为国家急需语言研究的人才，他们便改学了语言，这一学就是一生。

我常常翻看他们送我的这本书，其中散文家德·昆西写道："在文学这个概念里，一个基本要素是和人类普遍的、共同的某项利益有关。"无论在中国还是世界，语言和文学都是人类普遍的、共同的沟通需求。正因如此，陆俭明、马真两人一生的研究才无比可贵，不仅让中国人更懂自己的语言，也让世界上更多的人来认识、学习中国语言，从而爱上中国文化。如此，世界便会因沟通变得更繁荣。

第二次拜访陆老和马老的时候，正好赶上了北京初春的一场大雪，我陪着他们来到了北大的未名湖畔。之所以选择这个地方，是因为这里有他们青春的记忆。在这样一个飘着春雪的午后，我给二老拍了一张合影，照片里的他们笑容灿烂、深情款款。岁月在他们身上留下的痕迹，不是他们眼角的皱纹，而是他们为梦想携手同行而获得的幸福。世间最好的爱情无非是两个人看向同一个方向，步履轻盈。他们告诉我："我们结婚的时候，工会送给我们一副对联：'同学同志同心，相识相知相爱。'这就是我们这一生的过程。"

而我更喜欢马老在他们金婚的时候总结的人生信条："追求真理只为明，明辨是非但求真。"是的，陆俭明、马真，他们俩的名字都在里头。

――― 寄语 ―――

研究语言贵在
求实、探索与创新！

陆俭明
马 真
2022.3.17

吾家吾国　　/ 陆俭明

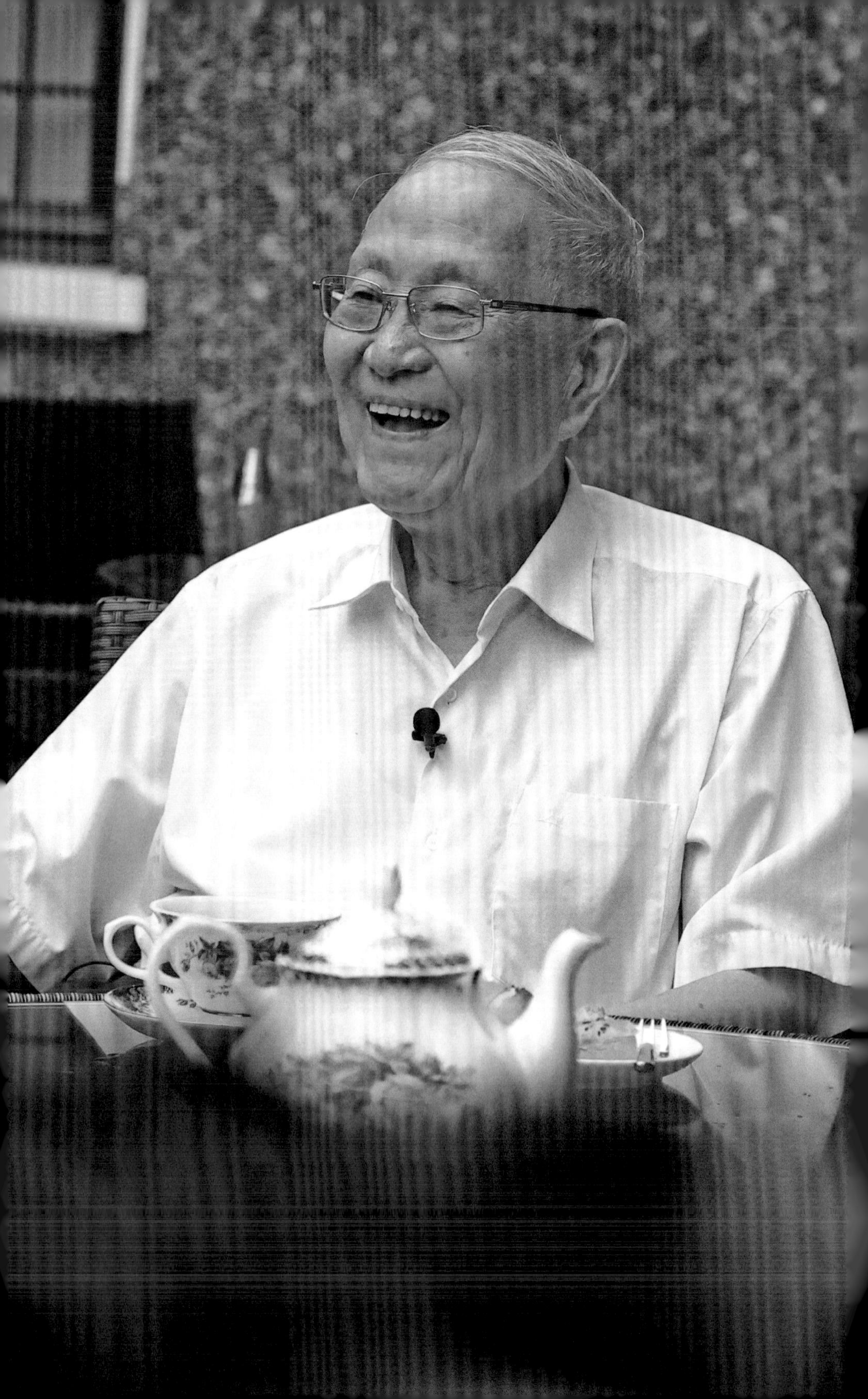

汪品先
把科普写成小说的网红科学家

汪品先，1936年生于上海，江苏苏州人。海洋地质学家，中国科学院院士，世界科学院院士，同济大学海洋与地球科学学院教授、博士生导师。中国古海洋学的奠基人，中国海洋领域的战略科学家，中国南海深海科学研究的开拓者。

人物小传

清晨，在上海一栋普通居民楼内，80多岁的汪品先像往常一样，随意热了热夫人孙湘君在前一晚提前准备好的鸡蛋、牛奶和面包，迅速地吃完了简单的早餐。他下楼骑上自行车，赶往他在同济大学的研究室。对汪品先和孙湘君来说，家就像长期旅馆一样，只是晚上睡觉和休息时会回到家中，而一天中的其他时间，他们都在各自的研究室中度过。这看似平淡的生活，在两位老人看来，是专属于他们的日常。

汪品先初中毕业后，在北京俄文专修学校学习俄语。60多年前，汪品先和孙湘君被国家公派到莫斯科留学。当时他们在莫斯科大学学的都是地质化石专业。一个是班长，一个是团支书，两个优秀的年轻人不仅志趣相同，心也在慢慢靠拢。后来，孙湘君开始往植物孢粉方向发展，而汪品先则对海洋螺类化石有了兴趣。

汪品先在苏联读大学时研究的是白垩纪螺，学校的一位老先生跟汪品先说，他看到过的最漂亮的白垩纪螺是发掘于中国西藏，现在收藏在大英博物馆中的螺。这段话让汪品先在心中留下了一分对海洋的好奇。也正是这分好奇，让他在回国之后投入了对海洋的研究。

出国交流，大开眼界

汪品先刚到同济大学开始做海洋研究的时候，海洋学还不被重视。那时汪品先想搞研究，但根本没有自己的实验室。

最后，同济大学只批准给他一个车间当作他的实验室。车间很大，但是翻墙过去就是公社的垃圾堆，苍蝇蚊子多得可以徒手抓到。同时，整个实验室只有一台显微镜，显微镜的两个目镜还对不准眼睛，只能勉强看。汪品先和学生们用的参考书，还是他从莫斯科带来的教科书。

那时，国内科研环境很差，不仅没有经费，整个学科的建立也没有任何基础。在这样的环境下搞研究，究其根本，是因为海洋学没有得到承认和重视，所以更难申请到经费。

没有经费的汪品先只好自己"一边吆喝一边卖"，四处筹钱拉经费。1978年的一次国外技术交流，坚定了汪品先心中要在中国把海洋研究推行下去的信念。

那时"文革"刚刚结束，有一个石油科技代表团要到美国和法国交流两个月，汪品先正好和石油部有合作，跟着代表团去了国外的交流会。

那次行程，后来被汪品先院士戏称为"简直是老鼠掉到米缸里，太棒了！"。回想起那次匆忙准备的行程，汪品先说："那时候很滑稽，西服都是借的，到石油部仓库里看，哪一件合适就是你的，回来再还给他。这次经历让我大开眼界，我就懂什么叫海洋了，为什么要搞海洋研究，因为大的石油公司都在搞海洋研究。"

在国外这两个月，汪品先看到西方新的技术、新的设备、新的研究，跟当时的中国完全不在一个水平上。这次出访学习交流，让汪品先既看到了前进的方向，也看到了中国在海洋研究领域与世界先进水平的差距。

在法国巴黎的一个酒会上，汪品先见到了当时法国的深潜纪录保持者。汪品先在和他聊到为什么选择坚持深潜而不是上天时，他对汪品先说："上天没意思，耳朵都震聋了，下海好，下海一点儿声音也没有，绝对安静，而且特别平静。我下的地中海，里面海百合会飘的，那个真漂亮。"

这段话让汪品先羡慕不已。当时的他并没有想到，就在整整40年后的2018年，他也能坐着中国的深潜器下到深海去看这美丽的风景。

不懈努力，开创先河

1997年，汪品先面向世界提出，要在中国南海进行大洋钻探。在他的多番努力下，各国科学家开始投票。汪品先提出的中国南海钻探点得票第一名。那时候，中国人还没有资格在国际上进行大洋钻探投票，评审委员会中也没有中国人。

汪品先提出在南海钻探，是为了研究季风是怎样演变、怎样受到青藏高原的影响的。20世纪末，气候问题已经逐渐严重，全球变暖和气候变化成了全球科学家都在研究的课题，而研究欧亚大陆东侧的季风系统可以分析出气候的发展规律，知道气候为什么会这样演变。

在大气气象学记录方面，人类对大气和二氧化碳的记录期非常短，大约在20世纪50年代末才开始记录。而气候变化的时间尺度很长，只有进行大洋钻探，采集岩石样本，才能够在更大的时间尺度上了解和分析气候的演变。

在中国南海设立钻探点，正好有助于解决国际上大多数科学家的研究难题。就这样，汪品先提出的钻探方案赢得了全世界科学家的认可。

可惜的是，中国那时还没有大洋钻探的能力，最终是由美国的钻探船在1999年春节打下了南海第一个深海钻探孔。在打孔的过程中，勘探船还收到了马来西亚方面的警告，说在这次的钻探过程中很可能会遇到海盗。

听到这个消息，很多人都想放弃这次钻探。但汪品先认为这个钻探孔非打不可。他只好四处联系，从北京的中国科学院联系到了解放军原总参谋部，解放军原总参谋部又找到有关部门，最后联系到了中国海洋局。

最终，在国家相关部门的全力支持下，钻井活动得以继续开展，美国的船长也放心了。在钻探的过程中，这位参加过越战、在美国海军服役过的美国船长还命令钻探船升起中国国旗。就这样，这次钻探打成了南沙深水区到现在为止唯一的一口科学深井，而这口井为中国乃至世界上无数科学家提供了珍贵的地质样本和钻探数据，从这口深井中取得的样本孕育出了非常多的科研成果。

在这之后，汪品先提出，应当把中国南海变成世界深海研究的一个天然实验室。在这之前，深海研究都是欧美牵头，他们做研究甚至不会通知钻探地所属的主权国家。只有当欧美科学家发表研究成果之后，世界上其他科学家才知道他们做了哪些研究。现在，中国终于拿回了海洋科学上的主导权，开展了"南海深部计划"，欢迎世界各国的科学家前来参加南海深海研究，共同为人类的海洋科学发展添一份力。

南海探梦，水下森林

2017年，汪品先被检查出患有前列腺癌，每四个星期他就要去医院打一针激素进行治疗。在医生建议的多种治疗方案中，汪品先最终选择了保守治疗，不去做手术。这样做的原因是如果做了手术，他就没有办法参加2018年的海洋深潜科考任务了。

2018年，汪品先终于乘坐中国的深海载人潜水器"深海勇士号"潜入了他梦寐以求的海底。

在深潜器中，人只能趴在舷窗上看外面的深海。汪品先打趣道，如果在深潜时给他拍一张照片，他就像一只渴望看到舷窗外世界的蛤蟆。

80多岁高龄的他在深潜器中一待就是9个小时。当他看到海底从来没有被阳光照到的世界，看到由珊瑚组成的森林、由海百合和其他动物组成的园林时，他觉得自己身体上的疾病都变得微不足道了。

看到这片美丽的水下森林，汪品先也意识到，虽然人类开发深海是必然之事，但是深海的生物平衡是非常脆弱、不容易维持的，那里每一个生物的生长和新陈代谢都非常慢。如果要开发深海，我们就一定要注意，不能破坏深海的环境。

中国进行深海研究的另一个目的，就是寻找海底的石油。经过多年的深海研究，我们比以前更加了解南海。由于1999年那次南海大洋钻探是科学性质的，所以没有办法在钻探点的选址方面纳入国家能源和矿业的考量。南海的钻探深井为中国在南海的找油、找矿事业做出了标志性的贡献。

世界上三分之一的石油都来自海洋，今后开采比例还会进一步提高。但中国开采自海洋的石油连10%都不到。后续的任务就

汪品先

是研究如何从深海中开采石油，这是一个世界性的难题。

首先，深海的石油开采需要大量的投资和研究才能做成。只有慢慢地做研究，把所有的基础科学都研究透，才能够合理、有序、安全地开采深海的宝藏。

汪品先认为，利用深海一定要谨慎小心。前些年，墨西哥湾漏油事件持续了近半年之久，原油泄漏对生态和生物都产生了非常恶劣的影响。所以，如何在环保且不破坏自然的情况下合理地开采深海的宝藏，是一个非常难的问题。

汪品先还认为，要正确地了解深海资源，然后才能正确地利用。如果没有利用好就把它破坏了,那么之后就再也利用不起来了。就像前些年在南海找到的可燃冰,由于没有对可燃冰进行完全彻底的研究,汪品先并不赞同把可燃冰当作可靠能源来开采。

关于深潜,汪品先说,要用机械手把那些五颜六色的竹节珊瑚完整地采集上来,得看操作员的本事,非常不容易。即使弄上来了,珊瑚也经不起氧化作用,第二天缤纷的颜色就没了,很可惜。我们要建自然博物馆也达不到那个水平。深潜的时候,其实人不应该下海,就应该在屏幕上看着机械手在水下作业,但是那些不载人的机器都非常贵,因为它们不用间歇性地浮上水面,可以连续工作。

我们在太平洋搞了几个区块,就是要进行锰结核的开采,深海的重要资源之一就是锰结核。汪品先在念书的时候就知道,太平洋海底有好多锰结核,它们实际上是铁、锰、钴、镍等矿物的集合体。这些是我们国家的珍贵资源,但是到现在都没有好好开采,因为开采的技术有问题,还有一个原因是开采成本太高。深海中还有硫化物的矿产资源,也是金属矿,这些矿就是我们的家底。

出书讲课,科普网红

汪品先带领世界团队在1999年做了南海大洋钻探后,同济大学拿到了两笔经费,决定用它们各造一栋楼。其中一栋就是汪品先办公室所在的海洋楼。

在建造的时候，汪品先就决定海洋楼一楼不用来办公，而是留出来专门用作海洋知识科普。汪品先一直认为，跟许多学科不一样，海洋学不像被河水分割的陆地，需要桥梁来连接彼此。

海洋在中国是被低估、被冷落的，华夏文化是黄河流域的内陆文化，跟地中海的西方文化不一样。15世纪开始，西方的海洋文化发展得越来越快，西方文明走向世界。到19世纪，东西文化碰撞，西方占据上风。

汪品先觉得他的责任就是唤起人们的海洋意识，所以他把海洋的社会普及、提升人们对海洋的认识列为他工作中很重要的一部分，他要让所有中国人都意识到海洋研究的重要性。

四季流转，寒来暑往，汪品先总是骑自行车往返于学校和家之间。对于一个80多岁的老人来说，晴天还好，雨天骑车出行总是一件不太让人放心的事情。但是汪品先已经习惯了这样的通勤，他不肯放弃骑车去学校，因为骑车可以为他节省10分钟。争分夺秒，是汪品先的生活常态。

在日常工作中，汪品先经常早上6点起来去办公室办公，一直干到晚上11点多才回家。深夜，在同济校园海洋楼外，人们经常可以看到，只有汪品先的办公室还亮着灯。汪品先常常每天工作16个小时以上，他办公室的这盏灯基本上是整个校园中最晚熄灭的。

2020年，汪品先生了一场不小的病。那段时间，他没有电话联络，没有开会，没有上课，一心一意地写他的那本深海科普书《深海浅说》。77天里，他把自己关起来，什么都不管，白天写书，晚上构思书中的内容，昼夜连轴转。

如此忘我工作，汪品先的身体很快就透支了。他说，他只有在念书的时候才这样透支过自己的身体。

由于体力不支，他无奈地去医院检查身体。医生告诉他，是日夜工作导致他免疫力下降，感染了一种病菌，得了肝脓肿，8厘米长的一段肝脏变成了脓血。汪品先只好做手术，切除了部分肝脏，花了30多天才把身体恢复。他人生中第一次住院长达30多天，他也戏称自己真的成了一名"院士"。

在汪品先的《深海浅说》中，有很多他潜入深海拍摄的照片。在讲述这些照片的时候，他满眼都是孩子般的兴奋。他把这些照片用在了这本书的扉页和很多介绍他的报道中，这些梦幻又美丽的照片就是最好的广告，吸引着那些喜欢海洋科学的年轻人投身于这项事业。

书出版之后，汪品先出名了。校园中经常有仰慕他的同学追上他的自行车，希望和他合影，其中还有很多学生是因为看到了汪品先院士在互联网视频网站上做的各种科普视频。《地球上是山高，还是水深？》《死海淹不死人，为什么叫死海？》，这些深入浅出的科普小视频让更多人了解到了海洋的知识。

同济大学有一门公共选修课"科学、文化与海洋"。这堂课每次都是未讲先热，场场爆满，甚至还有不少教师带着孩子前来旁听。课上所有的课件、模具、PPT都是汪品先自己制作的，为了让课堂上最后一排的同学看得清楚，他甚至还会对它们专门做一些特殊处理。

每一本书、每一堂课都是汪品先对科学的态度和诚意，夫人孙湘君则往往是他的第一个学生、听众和读者。她经常会给汪品先的书和课程提一些意见，包括好在哪里、不好在哪里、哪里要修改。就这样，两人互相支持，将海洋学推广到了大众的视线当中。

汪品先说，他要把科普写成小说，让大家都喜欢看。

南北分居，天各一方

20世纪60年代初，中苏交恶，那时还在苏联留学的汪品先与孙湘君匆匆结束了在苏联的学业，启程回国。回国后，他们结婚了。汪品先被分配到了上海的华东师范大学地理系做助教，孙湘君则进入了位于北京香山的中国科学院植物研究所研究古代植物孢粉。两人一南一北，一分开就是30年，在分居的过程中也经历了很多。

1997年，孙湘君在休息时发现住处的一个窗帘挂钩掉了。她没多想就踩着凳子想重新把窗帘挂好。就在那时，发生了意外，凳子一下子歪了，她从高处摔到了地上。剧痛和眩晕之下，孙湘君艰难地捂着头，开门穿着拖鞋跑了出去，找到同在植物研究所的一个同事，拜托他把自己送到了医院。

汪品先闻讯赶到北京已经是第二天了。到了医院，汪品先看到有很多学生陪着孙湘君，她身旁还放着前一晚那件沾满血的衬衫。细问之后，他才知道孙湘君的头部有一根血管断掉了，还缺失了一块头骨。

夫人的意外摔倒从此成为汪品先心里的痛。他很自责，如果当时他在夫人身边，她就不会出意外。但孙湘君并没有怪他，他们把两地生活的苦都化解在各自对学术的追求里。

在汪品先推动我国深海研究不断走向国际学术舞台中央的日子里，孙湘君也组织建立了我国第四纪花粉数据库，复原了6 000年和18 000年以前中国大陆上的植被概况。她充满喜悦地说，当她"在显微镜下看见了一万年以前的森林和草原"时，她觉得一切都是值得的。

二人退休后，孙湘君被汪品先所在的同济大学聘为兼职教授，和汪品先共同开展深海研究。在分居多年之后，两个把学术视为生命的人终于能够在一起并肩战斗了。

教育孩子，汉字为先

谈到孩子的教育，汪品先自豪地说，隔辈遗传，他的孙女最像他，特别是像他一样珍惜时间。她一天的时间都是自己安排的，不用父母管，她也可以安排得很好。

汪品先的两个儿子都是学计算的。孙女也学了计算，但她有很多爱好，演奏钢琴和大提琴都可以达到专业水平，在学习过程中又对太阳能汽车产生了兴趣，经过努力成为团队的领军者，沉浸在充满阳光和活力的事业中。

汪品先家中有一盆假的莎草，是在埃及买的，他的夫人很喜欢。过去，他们经常在莎草旁听音乐。音乐是他们两人心灵的桥梁，也是爱的呼应。也许，孙女在音乐上的天赋也是隔辈遗传的。

汪品先说，在孙女还小的时候，每次她回国，汪品先都会教她中文，还会教她猜字谜和灯谜。他坚持让孙女学中文，因为中国人学汉字才能真正拥有中国人的底气，即使常年生活在国外，也必须说一口流利的中国话，身为中国人，绝对不可以忘本。

汪品先觉得中国的文化有着自己的特色，用汉语表达的很多东西，英语不见得能表达出来，中国文化也有着不同于西方文化的特点和优势。汪品先的梦想是打造一个新的华夏文明，这个文明不能光是孔夫子、太极拳，还必须把现代科学跟中国传统的文化与文明结合，创造新的海洋文明。这样的文明可以包容万象，采众家之所长，为整个人类社会带来不同于常常引发冲突的西方文明的和谐又包容的中华文化，这才是他的目标。

采访对话

一分开就是 30 年

60多年前,汪品先和孙湘君被公派到莫斯科留学,两个优秀的年轻人相遇相知,心也在慢慢靠拢。回国后,他们结婚了。可是,汪品先被分配到了上海的华东师范大学地理系,而孙湘君则进入了北京的中国科学院植物研究所。二人这一分开就是 30 年。

王宁: 阿姨一个人在北京照顾家,得吃多少苦?

汪品先: 她的灾难是不少的。那是 1997 年,她一个人在北京,一个人拉窗帘时有个什么东西摔下来砸到脑壳,她现在脑壳缺一块骨头,头骨这里有一块是软的。

孙湘君：一个窗帘的钩掉了，我就踩了凳子上去要钩它，然后一下子歪了，我就摔下来了。当时我捂着头爬起来，然后就开门穿着拖鞋跑出去了，找到我们所里的一个同事，我说快点儿送我到医院。

汪品先：我到北京，看到她的那件衬衫全是血。

王宁：那一刻有没有意识到，两地生活该结束了？

汪品先：当时年轻，没想那么多。工作的要求让生活成了惯性。后来才慢慢越发感受到她的艰难和不易。

孩子一定要学中文

汪品先：这个你看看，我们这个孙女，那时候3岁。现在她大学三年级。

王宁：你们对她的学习提过什么建议吗？

孙湘君：没有，都是她自己学。

汪品先：她自己拿主意，而且她是真的喜欢。现在她在澳大利亚的大学，搞太阳能汽车，她是队长，领着一帮男孩子在做，跟美国比赛。每次她回来，我就教她学中文，有一次在这里，我追着教她学中文，我发字谜给她，汉字的谜语，小家伙还真的猜出来了。

整整 40 年

王宁：您第一次在国外听到深潜，因为什么被打动了？

汪品先：是在巴黎，法国巴黎的酒会，我旁边一个男的在跟大家干杯时跟我说的。他是法国深潜创纪录的人，他跟我说，上天是没意思的，耳朵都震聋了，下海好，下海一点儿声音也没有，绝对安静，而且特别平静。然后他下的是地中海，他说海百合会飘，那个真漂亮。

王宁：您隔了多少年才像他一样深入海中？

汪品先：1978 年到 2018 年，整整 40 年。

拿到南海科学研究主导权

王宁：当时您让美国的船上升起了五星红旗，真了不起！这是历史上的第一次。这个"第一"是怎么得来的？

汪品先：那个实际上是科学的竞争。你参加大洋钻探都可以提建议，是我提出来在南海打钻探孔，研究季风是怎么演变、怎么受青藏高原影响的，而这些问题恰好是国际上大家都要攻克的问题。

王宁：这是不是意味着您要为整条船上的科研负责？

汪品先：他们是这么邀请我的，所以我就做了。我走的时候真的是捏把汗，因为我要去主持一件我从来没有见过的事情，所以这是一个很大的挑战。接近南海的时候，马来西亚有一个海盗警报中心提示出现了海盗，然后他（美国教授）想放弃，因为有海盗，我说不可以，这个钻探孔非打不可。我就找中国的相关单位，最后海洋局回了我一个电报，说中国会注意这条船，确保安全。船长才放心了。开钻的时候，这个船长授意在船上升起中国国旗。

王宁：这口深井对于当下的意义是什么？

汪品先：中国拿到了南海科学研究主导权，因为从前像南海这种地区的深海研究都是欧美在做，他们都不告诉你，用不着告诉你，你也不知道他们来了，然后他们发表了（成果）之后，我们才知道他们做了那些工作，而现在都是我们做的，所以我觉得非常骄傲，现在我们是主人。我现在提议的就是，我们中国应当把南海变成世界上深海研究的一个天然实验室，这个实验室我是老板，但是我欢迎大家来参加，我是非常期待中国能够做这样的大动作的，不知道我这个年纪还能活的寿命够不够长，我希望能看到那一天。

海上开发应该做到更大

王宁：在深潜器里，我看到您一直弯着腰，一天需要几个小时保持这样的姿势？

汪品先：深潜器里不是弯腰的问题，深潜器里的主要姿势是像个蛤蟆趴在那里，因为它是弧形的，人就像个蛤蟆趴在里面。但是窗外的东西太吸引人了，你不会在意你的姿势是怎么样的。这些地方从来没有见过灯光，是人类把灯放下去第一次照到那里的。

王宁：人类的灯光照到这些地方，不仅是因为它们的美好，更是因为探索无止境。人类努力地要到达千米深的海底，究竟是为了什么？

汪品先：人类开发深海是必然的，这个比开发火星和月球现实得多。我是说，人类在陆地上已经从打猎那种游牧民族发展成为农业民族，那海里还远着呢，连新石器时代还没到呢，差得很远。我们要加紧了解深海，然后才可以正确利用它，否则你把它破坏了，以后也利用不起来了，所以我们这方面的研究任务很重。

王宁：会跟能源勘探有关吗？

汪品先：现在世界上三分之一的石油都是海洋里的，今后的比例还要高，中国在这方面差得太大，中国（的开发）连10%都不到。所以我们的任务很重，有很大的余地。

王宁：那接下来如何开启一个新的篇章？

汪品先：我认为应该做到更大，可以把周边国家吸引过来做国际计划，而且可以把南海（的开发范围）扩大。我觉得，中国的海上现在有那么好的条件，不要自己发文，光说我得到多少，你别说这个，说中国整个能做到多少，那才对。

为科普付出巨大心血

王宁：为什么您在写《深海浅说》的时候，想把心掏出来写？

汪品先：我们这种活儿都是一来劲了，就自己刹不住了。

王宁：为什么它能让您来劲呢？

汪品先：科学家，靠一种内动的好奇心，还有一种就是责任心。我老是觉得我们这一代人，是在国难当头的时候生长的孩子，都懂得国家利益是最大的，没有国哪有家。

这几年，与海洋打了一辈子交道的汪老入驻了一些视频网站，对"地球上是山高，还是水深？""死海淹不死人，为什么叫死海？"

汪老带我参观他录制科普视频的小天地

这些问题深入浅出的科普讲述让汪老成了年轻人心里的"科普老顽童"。如何让更多人对海洋感兴趣，是汪老现在的课题，他为此付出的心血超出常人的想象。

汪品先：我们原来这里都是两个房间，一个暗的、一个亮的；现在我们都是亮的，基本上是以技术为主，就是进行深潜、深钻的技术展示。

王宁：我们是不是可以揭秘一下您录制科普视频的小天地？

汪品先：我们故意做成这样，屋顶上有很多海底的生物，是希望孩子们可以仿佛看到海底，引起他们的兴趣。

王宁：您曾经说要把科普写得跟小说一样，甚至比小说还有趣。为什么给自己定下这个目标？

汪品先：应该说，对于科普，我现在是搞批发，不搞零售。我们有的书，我希望将来能够变成别的语言，而不是我们光去争英文的成果。

王宁：为什么您用"争"这个字？

汪品先：因为地位不是我们的，特别是在海洋世界的地位不是我们的，都是人家已经占好了，所以那就得争，要不然就不是你的。我觉得这些年经过我们这些人的努力，确实你要说谁的南海知识最多，那你到中国去问吧。

王宁：我们能在海洋科学上，从科普的角度切入，形成新的中国文明的底气。

采访手记

可爱的"拼命 85 后"

"南海 3 000 万岁了,跟它比,我还是个小孩。"采访完汪老,我一直记着他说的这句话。

说起海洋学家汪品先,很多人都会提及"网红院士""B 站(哔哩哔哩网站)的百万 up 主(上传者)""科普畅销书作者"这些近几年贴在他身上的标签。因为这位"深潜院士"在科普课堂上博学而亲和,他对科学的热爱浸透每一篇文章的字里行间,也被投入每一次深海探索。在 3 年的时间里,我一共采访了 3 次汪老,每一次都能挖掘出不同的细节,而他的故事里有一个字从未改变:拼。

第一次采访汪老，82岁的他刚深潜归来。作为我国深海研究的院士，他搭载着"深海勇士号"载人潜水器下潜到1 400米的南海深处进行科考，为我国的"南海深部计划"完成了更多探索。在深潜器狭小的空间里，汪老只能像青蛙一样趴着，身体始终无法伸展。他的一句"我就像爱丽丝漫游仙境一样"，让我对这个可爱的科学家有了由衷的亲近和敬意。

第二次约访，我走进了他的家。他告诉我，这一年，我是第一个走进他家的客人。我问他早饭吃的什么，他说煮个蛋就好，尽量不开火。从早上6点起床出门去办公室到晚上11点多回家，他和老伴儿在家待的时间实在有限。"除夕夜，我们会提前回家看春晚！"汪老开心地补充道。一年365天，这给自己放的唯一一天假，就像是天赐的礼物。

在家里聊天的过程中，汪老一直惦记着出门的时间比平时晚了一个小时，这应该是他最大的破例了。窗外下起了雨，且越下越大，汪老起身走到门口检查他的雨衣，他要骑车去办公室。我再三建议汪老和我打车，虽然这段路不长，但雨天地面湿滑，安全风险加大。其实，关于汪老骑车这个问题，他的儿女们已经牵挂了很多年，直到两年前，他才在家人的强烈要求下，把男式自行车换成了女式的，仅仅是个头小了一些，他仍不肯放弃骑车去学校的习惯。对此，汪老的解释是："骑着它从家到办公室，可以比走路节省10分钟。"争分夺秒的日常，是他早已给自己设定好的程序，每一分钟，他都要掰成60秒度过，这才是他心中的不虚度此生。

　　雨中的街道上，机动车的通行让人心悸，我不断地提醒汪老慢点儿骑。可一转眼，他已经骑到了我的前面。我完全没想到，从小就骑自行车上下学的我，竟然追不上汪老的速度。节目播出之后，我在雨中骑车追他的镜头在网络上传播，我的一个好朋友看完很久才反应过来，那个粉色的小人影原来是我。更有意思的是，同济大学的门卫看到汪老骑车过来，提前就升起了栏杆。看来，骑车的汪老是门卫的老熟人了。

　　这个夜晚，汪老的办公室又是整栋海洋楼最晚熄灭的。我感慨着他身体的硬朗，却无意间看到了他的药盒。各种药片分放在

汪老与我一同在雨中骑自行车

不同的药盒里，盖子上写着药名和日期。药盒藏在老伴儿的电脑后面，只有在固定吃药的时间，他才意识到疾病和他相连。他的老伴儿心疼地告诉我，汪老其实是带癌生存的，药物的作用时常让他大汗淋漓、身心疲惫。可是即便高烧39℃，他也硬撑着在办公室工作，"就像个苦行僧一样"。2020年，汪老的科普书《深海浅说》出版，当年就被评选为年度"中国好书"。这本书是他用77天的时间"熬"出来的。汪老说："我们这种活儿都是来劲了，就自己刹不住了。"2022年，汪老荣获"全国道德模范"的"敬业奉献模范"荣誉称号。一个80多岁的老人仍在敬业拼搏，这足以让所有的"躺平者"汗颜。

"盛年不重来，一日难再晨。及时当勉励，岁月不待人。"在采访的两天里，我一直在想，汪老为什么要像苦行僧一样拼时间？他说，他希望中国能够做南海研究的主人。中国作为海洋世界的后来者，需要更多地进行"星夜赶路"。他还说，他所有拿得出手的成果都是当院士以后才做出来的，别人是博士后，他开玩笑说自己是"院士后"。知道了这一点，也许才能理解汪老做事为什么这么拼，为什么他对时间如此计较。

在采访的过程里，汪品先和老伴儿一直在一起。这是一段旗鼓相当的爱情。汪老的夫人孙湘君是一位杰出的植物学家，她说自己"在显微镜下看见了一万年以前的森林和草原"，一辈子热爱微观世界的奥妙万千。他们两人此前各自在上海和北京工作，分居的时间长达30年。孙湘君曾经因为学术成果卓著，被提议当院士，但是汪老并不支持，他认为社会上不需要那么多院士，搞学术的人更应该实实在在做事情。但是，对夫人的学术成就，汪老心里始终尊重，他告诉我，"其实，是我挡了她的光"。

退休后，他们选择并肩开展深海研究。他们为同济大学捐款200万元建立了海洋奖学金，却要求不以他们两个人的名字命名。在他们的心里，多一个年轻人投入海洋科学事业，他们的科学强国梦就会早一天实现。

在准备采访资料时，我多次看到这张照片。这是我最喜欢的一张汪老的照片，82岁的汪老深潜归来，满眼是孩子般的兴奋。汪老把这张照片用在了他最新出版的书的扉页上。采访结束后，我终于明白了汪老喜欢这张照片的原因。它就像美丽的磁场，吸引着那些爱科学的年轻人投身于此：大家来研究深海吧，你看，

汪品先

到80多岁还可以做世界上最酷的研究，看普通人难以看到的风景，多棒！

采访途中，一个年轻的学生在路上认出了汪老，他和汪老快乐地合了影。我觉得同济大学的学生特别幸运，他们收到的大学录取通知书上就印着汪老1999年的深海考察笔记片段，提醒他们由此扬帆启航，踏上充满艰辛和乐趣的科学旅程。

汪老86岁生日的时候，我给他打了祝福电话。他跟我说起了自己的三个愿望："第一，希望工作到90岁，能够工作更久。第二，希望孙湘君（老伴儿）也跟我一样健康，一直陪着我。第三，希望看见我们国家变成世界上的海洋科学引领者。"

和牛顿一样，汪老像一个在大海边玩耍、捡拾贝壳的孩子，乐此不疲地沉浸在探索的深处。在天真和乐趣之外，汪老更有着中国科学家特有的家国情怀。他说："人生到处知何似，应似飞鸿踏雪泥。如果能像苏东坡说的那样，踩出一个社会进步的脚印，这就是人生最大的幸福。"

这样的幸福，结实而富足。

——寄语——

德育崇尚信仰
科学贵在怀疑

汪品先
二〇二一十十六

吾家吾国　／　汪品先

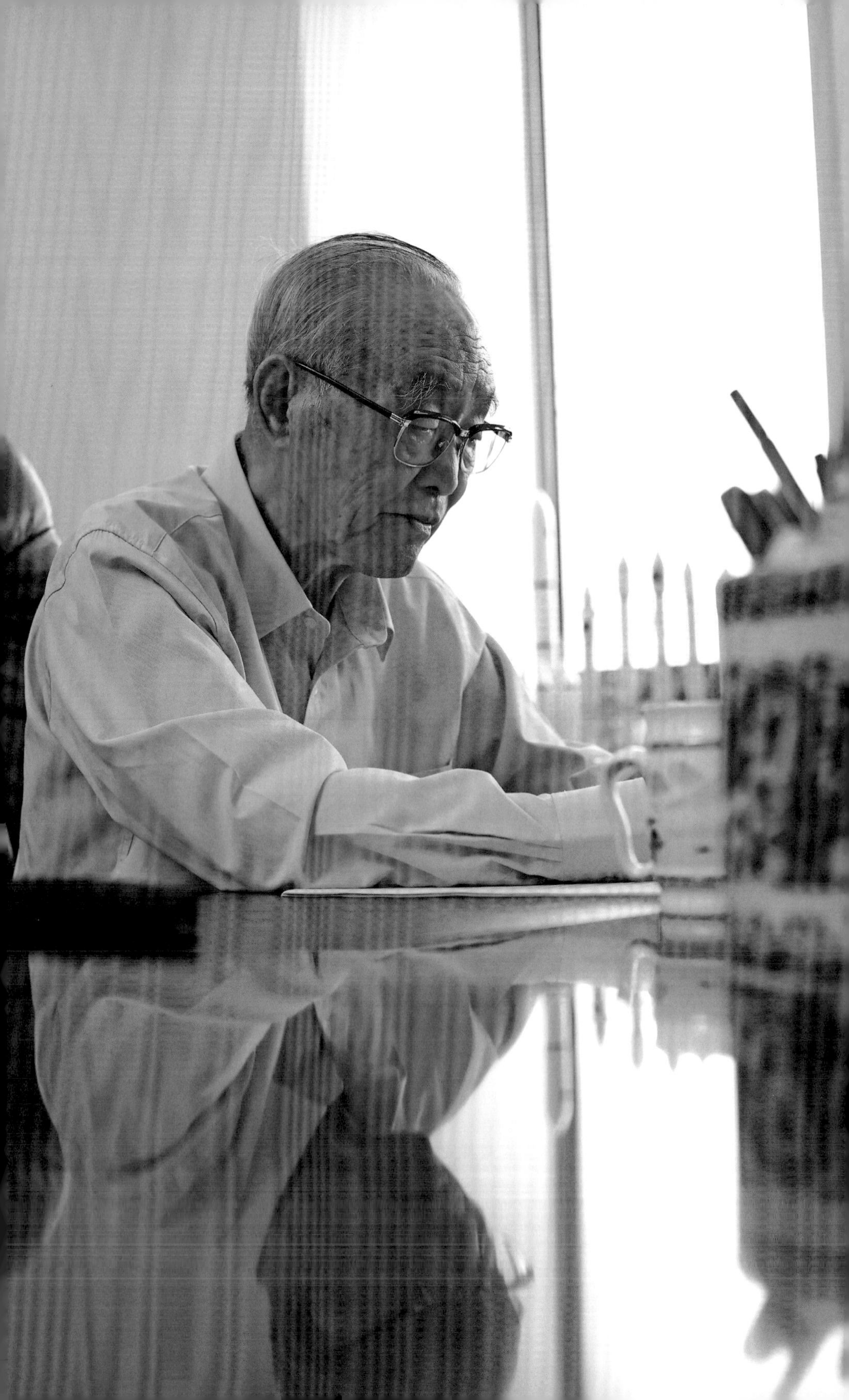

栾恩杰

茫茫探月路　情系航天梦

栾恩杰，国际宇航科学院院士、中国工程院院士。1940年出生于吉林省白城市，童年在齐齐哈尔度过，大学就读于哈尔滨工业大学自动控制专业，后考入清华大学精密仪器专业，之后一直在中国航天战线工作。中国著名的导弹控制技术和航天工程管理专家，曾任中国载人航天工程副总指挥、中国探月工程总指挥。

人物小传

2020年12月,在北京的一家火锅店内,一位老人正在舒心地吃着涮羊肉。对这位一路舟车劳顿、刚回到北京的80岁老人来说,这是一个值得庆祝的时刻。当然,这并不是因为他从内蒙古-30℃的四子王旗回到了北京,也不是因为那天的晚餐格外好吃,而是因为他等到了那颗他等了50年,承载了他和无数中国人的心血与期待的"流星"——嫦娥五号返回器。

这位老人就是中国国家航天局原局长栾恩杰院士。他带领中国人花费17年的时间,触碰那亘古穿插于中华文化中,被无数诗人、游子、相思之人仰望,承载了他们无数情感的月亮,他轻轻采下月桂树的一朵小花,将它带回了人间。

遇见几何，开启科学探索之路

栾恩杰的办公室中挂着一张照片，那张照片中准备报考大学的他，估计不会想到他能考到哈尔滨工业大学自动控制专业，后来成为国家航天局的局长。那时的他只是像往常一样，每半年和母亲一起去市里的照相馆照相，把照片寄给他一直在铁路战线工作的父亲。

小时候的栾恩杰听话又懂事，家里的长辈对他宠爱有加。那时东北地区的孩子都喜欢踢毽子，正巧栾恩杰的父亲有一件羊毛很长的保暖大衣，小恩杰想做毽子，就打起了这件大衣的主意，和父亲说想用大衣上的羊毛做毽子。父亲听到后并没有犹豫，而是痛快地答应了栾恩杰，说"你愿意割就割吧"。

家人的"溺爱"，让栾恩杰度过了幸福而不受管束的童年，顽皮的他直到初中都不把学习的事放在心上。当然，如果小时候的栾恩杰一直玩下去，肯定就没有后来的国家航天局局长栾院士了。几何学，一个让许多人都看了头疼的学科，却让栾恩杰在20世纪50年代提前感受了一把玩21世纪闯关游戏的快感。这个研究空间结构和性质的学科成功打开了栾恩杰钻牛角尖的开关。多年之后，他在接受采访时仍然兴奋地说，是几何学在高中时期激起了他学习的兴趣。那时的他通过学习几何逐渐建立了自己的思维方式，一个问题没有搞明白就放不下，这个问题解决了就去找下一道题目做。栾恩杰就像打闯关游戏一样，一关一关地过，靠着这种痴迷"游戏"的精神成功考上了哈尔滨工业大学自动控制专业，之后又考入清华大学精密仪器专业读研究生，真正开启了他的探月之路。

举头向明月，科学家也有对月情怀

栾恩杰爱读诗，也爱写诗，有一本叫《村子情怀》的诗集收录了他2005年之前的所有诗作。可是，就是这样一个落笔成诗、以诗咏志的人，为了嫦娥工程（中国探月工程）的立项，把诗歌搁置了十几年。

那时候美国人已经成功登月了，中国人也已经具备开展探月工程的条件。当时存在一些声音，说美国已经去过月球了，中国没有必要再去。但是栾恩杰坚持认为探月这一步一定要走，因为这是展现中国的航天运载能力的机会，而火箭的运载能力代表着一个国家的实力。

有一段记忆深深地刻在栾恩杰的心底，那是在1945年，日军从东北撤退时，栾恩杰家里听到了外面的传言，说日军要把中国的火车司机和铁路工作人员杀光。栾恩杰的父亲和其他家人正好在铁路部门工作，栾恩杰和他的奶奶、母亲、姑姑，还有身边的许多人都只有一个选择，那就是赶快逃跑，逃离他们一直生活的地方。国家实力不够强大，自己和家人在战乱中被迫背井离乡的这段记忆，使得栾恩杰立志要让其他国家都看看，中国已经不

栾恩杰全家福

是之前那个力量微弱的国家了。中国有能力开展航天探索，就要从探月这个最重要的环节开始。

栾恩杰认为，如果中国人想在航天事业上走得更远，那么探月这一步是一定要迈出去的。栾恩杰小时候像玩闯关游戏一样解决几何问题，长大了就在科学上攻坚克难，冲破一道道难关。下一关是什么，下一步该探索什么，没有人能未卜先知，只有把眼下可以解决的问题解决了，该探索的探索了，步步解锁，才能知道下一步到底要走向何方。航天探索这个迷宫，终究有拨云见日的一天。

从1990年到2004年，栾恩杰换了很多工作岗位，但是，探月这个梦想始终都在他的心里。其实早在立项前，我国的技术就已经可以实施探月计划，最终在很多科学家一次又一次地提报科学项目之后，党中央、国务院、中央军委终于决定开启嫦娥工程的立项。

细节决定成败，失败是成功之母

在中国航天的发展历程中，一些在探索过程中由质量问题引发的教训，是表面刚毅的栾恩杰心底最深的痛。

有一次在火箭发射的过程中，前期准备工作和发射时没有任

栾恩杰

何异常，但是火箭在升空之后立刻失去姿态，引发了自毁系统的启动，直接在天上来了一个"天女散花"。当时，栾恩杰看着天上零零散散坠下的碎片，感觉自己的心就像火箭一样破碎了。

这件事情暴露了当时的项目科研人员在技术上还没有研究透彻的事实，而根本的问题就是马虎。栾恩杰坦言，这种低级错误是最打击人的。你什么都不知道还好，但是如果你知道问题出现在什么地方，你就会后悔没有找出这个问题。

每次带队出去发射火箭，栾恩杰并不会觉得高兴。他总是担心：如果失败了，他怎么下火车？怎么向领导交代？经历过那次失败的栾恩杰一直都非常重视细微的事情，特别关注小事情的苗头，做事小心谨慎，因为一个细小的失误就会产生天大的后果。

"两总"模式逐渐成熟，"三个保证"管理创新

当时的探月工程指挥系统模式起源于苏联的总设计师制度。中国对苏联的总设计师制度做了改良，改良的结果就是由型号总设计师和任务总指挥组成的"两总"模式。

20世纪50年代，我国刚刚开始发展尖端科技行业，还没有航天的概念。尖端行业的起步是从研发原子弹、氢弹和导弹开始的，而研究先进武器需要公关保密、集中兵力和加强统一领导。起源于这种管理形式的中国航天事业，也继承了这些事业的优点和缺点。

在航天事业刚刚起步的时候，总指挥对保证某型号任务完成的作用非常大。因为在那个物资匮乏的年代，在物资保障方面，很多事情甚至要靠老一辈的无产阶级革命家亲自出面解决。总设计师和总指挥都是国家统一任命、代表国家利益的职位，所有工作都要保证任务的成功，而总指挥要按照总设计师的要求提供基础物资和工作环境等。航天事业继承自尖端武器研发模式，而总指挥基本上是经过战争考验的老一辈无产阶级革命家，他们把丰富的斗争经验和指挥大兵团作战的经验都应用到航天行业中，在行政管理和物质保障方面都做出了非凡的贡献。

20世纪80年代后，航天事业也在摸索中看清楚了军工式航天发展的弊端，逐渐从军工化的封闭状态慢慢走上了适应市场经济的发展之路，"两总"模式也逐渐成熟。

由于带有军事作风，很多航天任务在质量方面都有所取舍。栾恩杰在工作中看到了这种弊端，思考后提出了"三个保证"方针。一是元器件保证，完善元器件的质量检测试验，从根本上杜绝问题的发生。二是软件管理保证，随着信息化、数字化时代的到来，软件的数量及规模成倍增加，而数据的采集、处理、状态判定、决策、控制、执行都要靠软件来完成，因此软件故障的危害性也急剧增大。为了保证软件质量，国防科学技术工业委员会颁发了军工产品软件质量管理文件，全面推进了软件工程化。三是工艺保证，栾恩杰在1998年提出了"设计上台阶，工艺上水平，验证上规模"的三项总体方针，也正是出于这几项根本要求，在工艺方面,提出了"禁用淘汰工艺,限用落后工艺,推广先进工艺"。同时,对从事加工工艺的人员,提出了"工艺人员参与设计,设计人员学习加工工艺,加强工艺审查,编好工艺文件,抓好工艺审评,做好工艺定型"的要求。在基础工作方面,推荐培育工艺队伍,推动工艺预演,提升工艺水平,要求把质量放在第一位。

与此同时,栾恩杰对系统工程师和技术工程师提出了要求:"一切服从质量,在处理进度、经费、技术指标等问题上权衡的时候,只有保证质量才是航天工程的硬道理。为了保成功,进度可以延;为了保成功,某些技术指标可以降;为了保成功,保质量的经费不可省。"在推广了栾恩杰提出的"三个保证"后,我国航天任务的质量水平有了明显的提高。

改革开放后,所有的航天工程不仅需要实现工程目标,还要完成经济目标。栾恩杰带领的团队不仅要为工程目标负责,还要想办法完成经济目标,以支撑接下来的大工程。

在过去,国家是从来没有对进度和经费提过要求的,但加入市场后便有了要求。所以栾恩杰积极推动"总指挥学习开展系统工程",让项目的总指挥们能在投注最小、环境有限的情况下达成工程目标和经济目标。

由于市场化改革,航天部门也要围绕工程合同来实施工程。在过去只有任务书,没有合同。栾恩杰只好在20世纪90年代后期围绕合同制建立了新的责任制体系,完成技术目标是工程目标中的重要部分。总指挥要对工程负全责，要签合同，负经济责任。总设计师则负责所有的技术责任，是实现工程技术的总责任者。

经栾恩杰改善的"两总"政策保障了航天工程的重大问题决策权，让以"两总"为中心的责任制体系得到了巩固。按照谁主管谁负责的责任制准则，进行质量责任分解，形成了质量责任体系。正是这些举措成功推动了我国航天工程质量目标的提高，为中国航天步入 21 世纪打下了坚实的基础。

圆梦探月路，接嫦娥回家

就这样，认真工作了 50 年的栾恩杰，终于在他 80 岁那年等来了人生中最有代表性的收官之作——作为中国探月工程"绕、落、回"三步走战略收官之战的嫦娥五号返回器返回地球。

80 岁高龄的栾恩杰不顾所有人的反对，执意前往内蒙古，亲眼见证那如流星划过夜空般璀璨的瞬间。对栾恩杰来说，他是来接"嫦娥"回家的。

2020 年 12 月，内蒙古中部草原的四子王旗着陆场，在 -30℃ 的低温下，嫦娥五号返回器携带月球样本降落在这里。

等待的时候，虽然栾恩杰表面上看起来很镇静，但他的眼泪无法抑制地在眼眶里打转。他带领科研人员努力了 17 年：第一次"绕"圆满成功，第二次"落"圆满成功，第三次"回"圆满成功。随着 17 年的工程圆满收官，栾恩杰也不禁感叹党的伟大、社会主义的伟大、举国体制的伟大和航天人的伟大。

永远的遗憾，忠孝不能两全

1970年，栾恩杰正式开始在航天一院任职。在整个科研生涯中，他一直将自己的全部心力都放在了中国的航天事业上，却在家庭方面留下了不可挽回的遗憾。栾恩杰的父母总跟他说，"好好学习，好好工作，不要惦记家"，还跟他的弟弟们说，"恩杰办大事，你们让他专心工作，别耽误他"。

栾恩杰确实听了父母的话，始终把精力放在工作上。但有一次栾恩杰在靶场打弹的时候，领导突然找到他，说："部里的刘部长不在家，你们领导得回去一个，定的是你回家。"栾恩杰有些困惑地说："我这打弹还没打完呢。"但是领导态度坚决，栾恩杰无奈之下只好听从安排。

到家之后，妻子告诉栾恩杰，他的父亲走了。栾恩杰没有反应过来，还以为父亲出去玩了。他问妻子：父亲上哪儿去了？妻子表情悲伤，他再次向妻子确认，才意识到父亲走了，去世了。

栾恩杰的父亲病重已经有一段时间了。家人们知道栾恩杰在工作，不愿意打扰他，就没和他说。等到栾恩杰回家，丧事都已经办完了。

错过父亲的葬礼，成了栾恩杰心中永远的遗憾。但他没有想到的是，母亲去世时，他也没在场。当时，栾恩杰还在开会，有人突然走进会场,急急忙忙地告诉他,他的母亲去世了。栾恩杰听到这个噩耗,身体不由自主地打起了哆嗦。而这一次,家人也是到他的母亲去世前都没有告诉他母亲病了。不用家事打扰他,成了栾恩杰家里一个不成文的规定。

多年之后,栾恩杰提及此事,语气中充满愧疚:"对我,只是对我。我这个家就是这么培养我、教育我的。我家里是我这几个弟弟送走的四个老人,我的父亲、母亲、姑姑、大爷(伯父)。我的家人对我娇惯得一塌糊涂。每次离家,我母亲一定送我到车站,我多大岁数,她都绝对给我送到车站……她永远会叮嘱我:不要挂念,一切都好,不要挂念。但是我没有给他们倒过一杯水,没良心到这种地步。"

在栾恩杰的诗词中,有一首描写想念母亲的《跪母辞》:"一呼心滴泪,再呼泪湿衫。探家不见母,与谁报平安。睹物娘犹在,抚椅闻慈言。儿时不识孝,老却悔当年。"

专心搞科研,陪伴孩子成为奢望

广西壮族自治区宣传部原副部长潘琦是栾恩杰的好朋友。因为栾恩杰的父母和家人后来都住在广西,潘琦与栾恩杰也在写作方面志趣相投,所以他们的关系非常要好。

潘琦有一篇文章写的是栾恩杰带着他去看自己在聋哑学校读书的儿子。栾恩杰的小儿子是聋人,小时候发高烧,医生给他打了庆大霉素,之后他就再也听不到任何声音了。当栾恩杰提出要潘琦陪他一起去聋哑学校看儿子的时候,潘琦十分意外,因为栾恩杰之前从来没有去过孩子的学校。潘琦陪着栾恩杰刚走进校门,正在广场上活动的栾恩杰的小儿子隔着老远便跑过来,扑到爸爸的怀里,父子俩抱在了一块儿。

潘琦看到这一幕颇有感触。栾恩杰平时忙于工作,根本没有时间关心和照顾孩子。有一次栾恩杰在靶场监督火箭发射的时候,他的妻子带着小儿子到八一湖去游玩,结果半路上小儿子走丢了。妻子赶紧打电话到靶场找栾恩杰,说孩子丢了。栾恩杰那时正好有个火箭发射任务在身,就说:"我回去,你们找不着,那我也找不着啊。这弹还没打,我回去有什么用?"当时在场的同事听到了这回事,和栾恩杰说:"不管别的,你必须回去,你孩子丢了,你还不赶紧去找?"

栾恩杰这才急匆匆地往家里赶。他刚到家,还没进门,就有人告诉他找着了。栾恩杰一个同事的孩子看见他一个人回来了,就对栾恩杰说:"栾叔叔,曦曦找到了。"栾恩杰有些慌乱的心终于放了下来。栾恩杰在床边看着小儿子睡觉,那一刻他才觉得自己在陪伴孩子。儿子睡醒之后,告诉栾恩杰,他是自己从八一湖走到门头沟的。别人找到他之后,就用车拉他回家。车刚刚把他拉到木樨地的一座桥附近,他就蹦了起来,因为从这儿开始他就认识回家的路了,再往前不远,就是他的家。听着儿子兴奋地描述,栾恩杰哭笑不得,在安顿好家事之后,他便又急匆匆地回去

栾老向我展示好友潘琦的作品

工作了。

孩子们长大以后都很乖巧孝顺,他们秉承家风,不愿劳烦父母。而这孝顺的背后,是栾恩杰心中对孩子的亏欠之情。

栾恩杰的小儿子成人之后不常去栾恩杰的家里,因为他怕打扰父母工作。有些时候,栾恩杰给他钱,他也不要,还告诉父母:"我都这么大了,早就挣钱了,不用您给我了。"

栾恩杰的女儿也一样,每次父亲节的时候会给栾恩杰包一个大红包。栾恩杰收到红包后,总是想再给儿子和女儿买点儿什么,为此甚至还被电视购物骗过一次。不过,他每次给孩子们买东西,他们都不是很高兴,因为他们不愿意让父亲花钱。面对孝顺和体贴的孩子们，久而久之，栾恩杰也逐渐放下了想要给儿女添置东西的愿望。

在经历了一生的付出和对家里的亏欠后，栾恩杰终于亲眼见证了属于中国人的成功，这也是属于这 50 年间默默付出、对家人觉得遗憾和亏欠的栾恩杰的成功。栾恩杰曾说："只有没有放下的人才知道什么是全放下了。只有知道痛苦的人才知道什么叫幸福。"

回到北京后，秘书问栾恩杰想吃什么，栾恩杰开心地说："咱们去涮羊肉！"栾恩杰终于真正放下了心中所有的重担，在经历过无数痛苦后，感受到了真正的幸福。

采访对话

天生喜欢闯关

栾恩杰：我记得我真正懂学习、爱学习，是学几何的时候。实际上我们通过几何数学的学习，学到了一个思维，就是怎么用一个条件、一个规律、一个公认的理论来证明未知，所以那时候我会自己主动找题目做，就知道主动学习了，就像有些人玩手机一样，会主动去看。

王宁：但我觉得这可能跟您的性格有关，您是不是天生就喜欢闯关？

栾恩杰：对，这个我一直保持到现在，我现在学习也是这样，有一个问题没搞通，我就放不下。

到月亮上去很重要

栾老爱读诗，也爱写诗，《村子情怀》收录了他 2005 年以前的诗作。可就是这样一位落笔成诗、歌以咏志的老人，将诗歌搁置了十几年。其中的原因，要追溯到 1990 年。

王宁：为什么您觉得到月亮上去很重要？

栾恩杰：因为那个时候我们中国人已经具备了条件。这一步一定要走，因为这就是我们运载能力的表达。

20 世纪 60 年代的大学生，字典里没有"放弃"这个词。从 1990 年到 2004 年，栾恩杰换了几个工作单位，也渐渐走上了领导岗位，但不管做什么，"到月亮上去"的梦想始终在他心底激荡。

航天传统就是艰苦奋斗

王宁（播放一段火箭发射失败的画面）：我们找到了一段视频，这次的失败，您记忆深刻吗？

栾恩杰：这个太惨了，暴露了我们在技术上没有完全吃透。很痛苦，第一发失败的原因就是马虎。

王宁：爆炸的那一刻，天空中的碎片就像心碎一样。

栾恩杰：这种打击就是心碎。心里想着，完了，整个人倒下了，可是你不能倒下，要马上站起来解决这个问题。这种感觉很难受。当你知道问题出在什么地方以后，你就是万分后悔。

王宁：犯了低级错误，这是最打击人的？

栾恩杰：对。所以我这些年走过来，对细节的失败或者任何失败的苗头，都极其重视。

王宁：经过失败、历经风雨磨炼的航天精神，最重要的是什么？

栾恩杰：在我心里，航天精神最重要的就是艰苦奋斗。

亲眼见证伟大瞬间

四子王旗着陆场，内蒙古中部草原的一个航天着陆场，12月的气温在-30℃以下。作为中国探月工程"绕、落、回"三步走战略的收官之战，嫦娥五号返回器携带月球样品降落在这里。80岁高龄的栾老不顾所有人的反对，执意前往内蒙古，他要亲眼见证那如流星划过夜空般璀璨的瞬间。

栾恩杰：我说我来是接嫦娥回家的。我眼泪就在眼眶里晃悠，在那儿停着，我表现得很镇静，（但）我非常激动。中国人干了17年，我们第一次"绕"圆满成功，第二次"落"圆满成功，第三次"回"圆满成功。17年的工程能圆满收官，我个人感觉到的是党的伟大、社会主义的伟大、举国体制的伟大。

王宁： 还有航天人的伟大。

栾恩杰： 我从心里面认为，我去不去都是成功的，和我没关系。但是我去，就表达了中国航天人的自信，我去见证了中国航天人的成功。

栾老动情地向我讲述中国航天历程，我也为之动容

采访手记

比月亮还有诗意的探月人

晴朗夜空,仰望天河,我们能看到的最大、最明亮的星,就是月球。古往今来,人们从不吝啬对月亮的赞美,也从未停止探索宇宙的脚步。"相邀吴刚斗烈酒,携手银河论英雄",这是中国探月工程的首任总指挥栾恩杰先生曾写下的心中豪情。80多岁的他是梦想离月亮最近的人。

2020年年底,中国探月工程完成了"绕、落、回"三步走。在那个时候,我就特别希望能够采访栾老。半年之后,他答应了我的采访,但是提出了一个小小的要求——采访的地点只能在他的办公室。理由很暖心:要尊重家里老伴儿的意见。他说,过去,因为

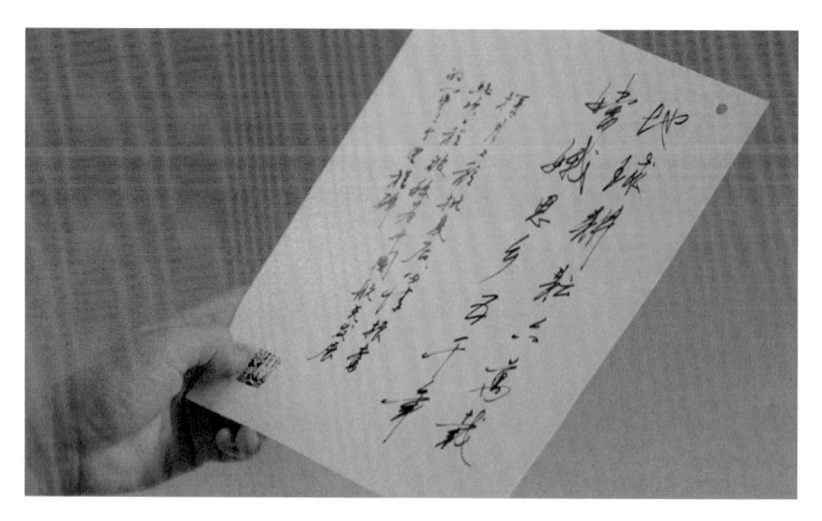

栾恩杰的诗句

常年在外，家里全靠老伴儿了；现在，在家里，老伴儿说了算！

栾老爱写诗，一本叫作《村子情怀》的诗集收录了他2005年之前的所有诗作。其中有"唤得威风八面，我志问天九层"的豪情，有"远贵知崎路，近重识挚友"的友情，有"甜桔留，新蔗存凉处。只待鸿雁报归期，再把天伦述"的亲情，也有"神往天际外，凡事地上求，诗言意到处，领悟异荣辱"的真情……可是，他竟然把诗歌搁置了十几年，因为他要实现中国人的探月之梦。2004年的春节，对当时64岁的栾老来说，比以往任何时候都要特别。1月23日，大年初二，中国探月工程获批立项，正式进入实施阶段。当天晚上，栾老写下了"地球耕耘六万载，嫦娥思乡五千年。残壁遗训催思奋，虚度花甲无滋味"的诗句。探月工程即将成为继第一颗人造卫星、载人航天工程之后中国航天发展史上最重要的工程。

我问他：为什么到月亮上去那么重要？他的回答和一段苦难记忆有关。1945年，在日本投降之前，因为害怕日本军队的轰炸，他们全家老小只能数次跑反。跑反，是旧时形容老百姓为了躲避兵乱而逃亡别处的一个词。这段经历让他感受到"国弱民遭殃"的痛楚。他说，探月是中国航天能力的表达，是强国的表达。

采访时，他带我去看了中国人用自己采集的信息制作完成的月球仪。中国中小学生的教材使用的月球表面照片不再是美国人拍摄的，而是中国的嫦娥一号拍的。中国嫦娥五号带回来的月壤也曾在国家博物馆展出，成了孩子们最喜欢的展品。他引用瞿秋白先生的话对我说："如果人没有精神，那要这个躯壳还有什么用？那就是猴儿。"

为了拥有精神，一个人的躯壳总是要受苦的，有时，受苦的还有心灵。栾老的小儿子因为年幼时的一次用药失误，永远失去了听力。他曾经无数次地希望自己的儿子有一天会说话，可希望终究抵不过现实。但是，父亲的言传身教让儿子很早便懂得了肩扛责任的重要性。如今年过不惑的儿子已经娶妻生女，最常用手语对父亲说的话就是："我都四十了，放心吧！"

"只有没有放下的人才知道什么是全放下了。只有知道痛苦的人才知道什么叫幸福。"采访的时候，栾老的这句话让我的心情久久不能平复。这句话包含了他一生的酸甜苦辣。

吾家吾国　／　栾恩杰

栾恩杰全家福

　　栾老的表达很克制，可我当时心里有点儿绷不住了。我脑海当中浮现了一个词——"奉献"。到底什么是奉献？奉献从来都不是一个人的事，而关乎一个人和一个家，当家里的每一个人都因为奉献而被密密实实地连接在一块儿的时候，这个家的爱才有了根。认真、踏实，是栾老的人生品格。做真人，干实事，是栾老给这个家的精神支撑。

　　在采访栾恩杰先生时，让我印象最为深刻的不是他一生梦想成真的骄傲，而是他的"着急"。他心心念念的是航天事业给新一代年轻人提出的更大挑战，他说："在国际航天的竞争中，谁也没有停下来等中国人。"这应该是真正的"远望星辰，低头赶路"。

—— 寄语 ——

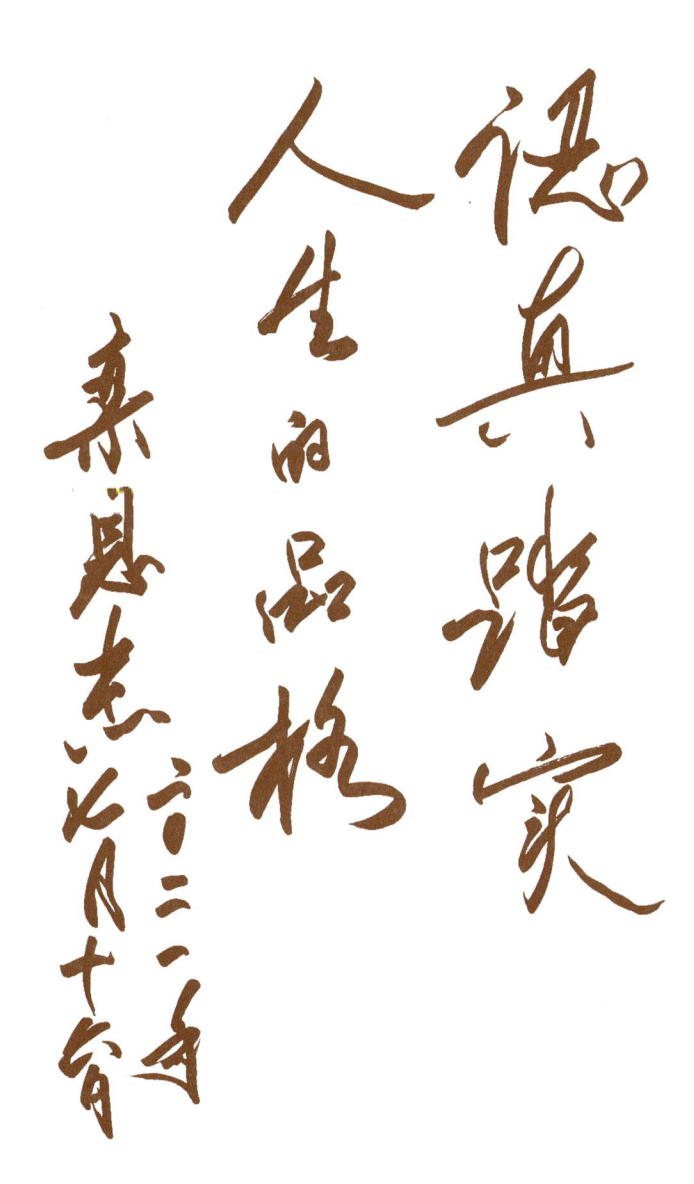

认真踏实
人生的品格

栾恩杰 二〇二一年十二月

吾家吾国　/　栾恩杰

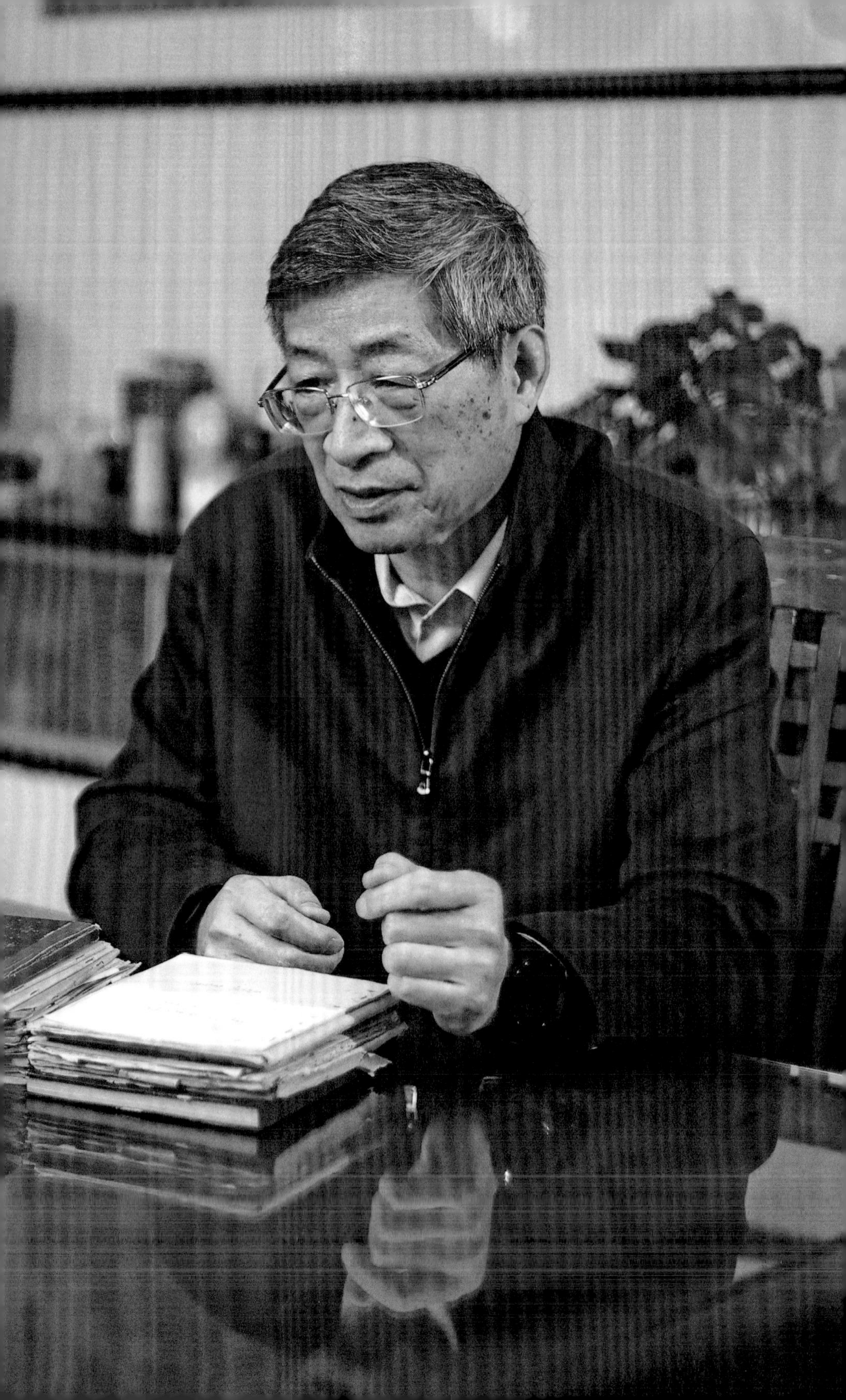

陈和生
做有温度的科学家

陈和生，1946年出生于湖北省武汉市。中国著名粒子物理学家，中国科学院高能物理研究所研究员，中国科学院院士，主要从事高能实验物理研究。

— 人物小传 —

毅然归国,我心无悔

中学时期,陈和生偶然看到一本爱因斯坦的《物理学的进化》,从此对物理学产生了浓厚的兴趣。1964 年,北京大学只有 18 个系在湖北招生,招收 18 个人,即每个系仅招一人,陈和生以湖北省高考物理状元的身份被北京大学核物理专业录取。

从 1966 年到 1976 年,从大

中学毕业时的陈和生

学到农场和中学，虽然陈和生的身份发生了变化，但是他从未停止学习，一直在为重回校园努力。他说，很多人中间放弃了学习，人生也就停滞在原地了。1978年，研究生考试恢复，陈和生顺利考上中国科学院高能物理研究所研究生。1979年，他被诺贝尔物理学奖获得者丁肇中教授录取，成为其实验室的工作人员之一。之后，丁肇中教授要挑选两人去美国麻省理工学院继续深造，陈和生由于扎实的物理和计算机知识、出色的工作能力和踏实的工作态度，从15个候选人中脱颖而出。

1984年5月，陈和生获得了美国麻省理工学院博士学位，同年11月，他不顾众多争议，毅然决然地回到了祖国，成为中国的第一个博士后。听从热爱和使命的召唤，是他当时唯一的选择。有人说，在美国可以发展得更好，但陈和生说，他觉得回国是无比正确的选择，因为我们国家会给科学家更好的发展机遇。留在美国的那些人对中国科学的贡献跟他是没法儿比的，中国的科学技术归根结底要靠中国人在自己的土地上奋斗才能发展起来。

破解难题，实现多重突破

回到祖国的陈和生来到了中国科学院高能物理研究所，此时正值我国第一台大科学装置——BEPC（北京正负电子对撞机）奠基之时。4年后，陈和生和同事们一起欢庆BEPC成功实现对撞，中国终于也有了最先进的研究物质微观世界的"武器"。

2004年8月,陈和生在国际未来加速器委员会举办的国际直线对撞机新闻发布会上

BEPC成为世界八大高能加速器中心之一,这被视为中国科技发展史上的重要里程碑。

1998年7月,陈和生被任命为中国科学院高能物理研究所所长。当时最重要的就是实行中国高能物理发展战略,这是中国国家科技教育领导小组经过两次讨论,最终确定下来的发展战略:一个是BEPC的改造,还有一个是大科学装置的平台建设,包括上海光源和中国散裂中子源。有了好的规划,才能够走向好的发展。

陈和生意识到,已经运行了10年的BEPC面临着激烈的国际竞争,制定BEPC的未来发展战略成了他上任后首先要推动的事。第二代正负电子对撞机的研发工程也成为陈院士回国之后做的第

2012年7月，陈和生在高能物理研究所计算中心机房

一件大事，同时是他成为所长后面临的第一个挑战。

因为BEPC一期取得非常好的成果，世界各国开始关注这一领域，准备在这一领域与中国展开竞争。它们纷纷建造专门的加速器，或者改造本国的加速器。自然科学的领域只有第一，没有第二，中国如果不改善对撞机的性能，就会在国际上落后，就算之后研究出成果，也可能失去科学价值，那只能验证别人的成果，发现则是别人的。

为了避免这一情况，中国的科学家们直面困难，逐一破解。

第一个困难是技术上的难题。20世纪80年代的BEPC一期，出于种种原因，是按照隧道周长240米的最低标准建造的，而国外成功的双环电子对撞机是按照周长 2 000 米设计的。另外，国外对撞机的对撞区直线段长度是正负 40 米，而国内的对撞机却只有正负 14 米。国内的对撞机原来是单环的，装了第二个储存环以后变成了双环。由于隧道狭窄，如果在安装储存环时有一个单元出现问题，就要完全拆掉储存环重来，得益于严格的质量控制，才没有发生这种情况。

第二个困难是来自世界权威的挑战。BEPC 二期方案的投资额是 4 亿元，但是美国康奈尔大学的加速器提出了所谓"短平快"的方案，表示能够用较短的时间达到我国用 4 年才能达到的水平。陈院士当即改变方案，投资额从 4 亿元增加到 6.4 亿元，投资 4 亿是要把机器性能提高 10 倍，而投资 6.4 亿是要提高 100 倍，比美国康奈尔大学的高 3~7 倍。最终，中国团队克服重重困难，利用 5 年时间成功完成了 BEPC 二期方案的建设。而康奈尔大学提出的"短平快"路线违反科学规律，其建造的对撞机只达到了设计指标的 1/4，研究水平达不到国际先进水平，因此美国政府将这一项目彻底关停。之后，进行相关研究的科学家们来到中国，积极地投入我国的实验计划。就如美国权威的物理学杂志说的那样，美国的科学家坐飞机蜂拥而至，来用北京正负电子对撞机做实验。

第三个困难来自高能物理研究所内部。因为康奈尔大学负责该项目建设的科学家是该领域的国际权威，有许多人都"迷信"他，觉得他提出的方案肯定可行，中国与他们竞争，最终的结局

2006 年 6 月，中美高能物理未来合作研讨会期间，陈和生向美方代表介绍北京正负电子对撞机重大改造工程

也是"必死无疑"，所以当时高能物理研究所很多重要岗位上的人都离开了团队。面对这一境遇，陈院士受到了来自国内外同行的鼓励，还得到了李政道先生的支持。李先生对陈院士说："有竞争是好事。你们做的事情有科学价值，别人才和你们竞争，有竞争能逼迫你们做得更快、更好，你们不要害怕竞争。"陈院士也以"两军相逢勇者胜"来鼓励自己和同事，最终取得了成功。

中国在 2008 年成功地完成了 BEPC 二期工程，10 多年来，我们一直保持国际领先地位。从 1988 年首次成功实现对撞到现在已经 30 多年，国际上很少有国家在 30 多年里始终在一个物理目标上做研究，并且始终处于国际领先地位。每当看到众多外国科学家来到中国，用中国的对撞机做实验时，陈和生都感受到在科技方面成为领先者的重要意义。从20世纪80年代去国外参加别人的实验，到外国科学家来我国观摩实验，中国在科学领域的国际地位发生了极大的转变。

潜心钻研，助力大国利器

BEPC二期的成功，是陈院士回国后给自己交的一份满意答卷。这次成功使陈院士积累了更多的经验，也有了更好的团队。如今，70多岁的陈院士依然工作在科研一线，在近10年的时间里，他作为总指挥建成了我国目前单项最大的大科学装置——中

高能物理研究所所长陈和生做工程建设总结报告

国散裂中子源。

20世纪90年代后期,一些科学家和几位老院士就提出了建设散裂中子源的想法。陈院士那时刚成为高能物理研究所所长,他明白散裂中子源在各个应用领域的重要作用,攻克金属疲劳问题,以及各种焊接部件的工艺研究,都在当初建设散裂中子源的科学目标之中。

2011年,中国散裂中子源在广东东莞开工建设。经过六年半的时间,继英国卢瑟福·阿普尔顿实验室、美国橡树岭国家实验室、日本原子能研究机构之后,中国建成了世界第四台脉冲散裂中子源,它是我国开展前沿学科及高新技术研究的先进大型实验平台,为我国相关科技研究在国际上占领一席之地提供了"利器",也为我国开展各项前沿科学技术研究提供了可能。

散裂中子源在众多民生产业中同样发挥着重大作用。例如,高铁的金属车轮经过长时间使用会疲劳。十几年前,火车每次到达大站就会停靠20分钟,会有一名工人拿着榔头一个个轮子去敲,只为听清楚车轮有没有因为产生裂纹而发出声音,如果裂纹明显,车轮就会断裂,最终引发火车脱轨事件。随着我国高铁技术的不断进步,高铁的速度越来越快,高铁每次到站仅停靠几分钟,不可能去敲打每一个轮子进行检查。我们会在轮子上安装声音传感器,只要运行过程中轮子产生异响,就说明这个地方有问题,必须马上采取紧急措施。散裂中子源作为现在最科学、最关键的检测平台,可以对高铁的转向架、车轴、轴承、轮毂,还有轮子和铁轨的耦合部位这些关键部位进行金属疲劳问题的检测，对车轮内部发生位移的部分进行替换，及时发现问题，避免国家和人民的重大损失。

大科学装置让我们认识到了零部件安全和使用自主研制的安全检测装置的重要性。大国制造，是未来高水平的科技自立自强的核心。

锂电池研究，不再受制于人

作为目前能量转化效率最高的器件，锂电池在生活中有着广泛而重要的应用。从手机、智能穿戴设备到电动车，锂电池都是绝对不可缺少的一部分。

散裂中子源对电动车领域的锂电池也有重要作用。如今阻碍电动车行业发展的关键就是锂电池，如果电池能够做到容量大、充电快、安全，电动车基本就有可能代替燃油车。

电池包和模拟汽车或飞机上充放电的装置在充放电几百次之后，充电能力就下降了，充电会变慢。散裂中子源如同超级显微镜，可以探查锂电池的内部变化，找到充电慢、内部化学机制产生变化的原因，避免可燃气体产生。

目前全世界只有两个装置专门用于锂电池检测。一个是日本索尼、三菱电机、日立、住友等公司联合投资组建的锂电池研发联盟，另一个就是中国科学院高能物理研究所的散裂中子源分立出来的一条锂电子线。

早在 2015 年散裂中子源建设后期，陈院士就有了专门进行锂电池研究的发展思路，而当时日本在锂电池研究方面非常先进。但陈院士在参观日本散裂中子源实验站的时候，由于中国与日本的竞争关系，并没有获得日本方面的研发经验。陈院士最终在技术封锁的前提下，生产出了可以与日本竞争的产品。对于电动车电池产生的问题，可以研究氢燃料电池，而中子散射是研究氢燃料电池的一个非常好的手段。锂电池的研究是国家和产业发展的需要，并取得了相当大的进展，这使得我国生产的锂电池扭转了性能总是比其他国家所产锂电池差一些的境遇。

治疗癌症，迈出关键一步

陈和生一直觉得科学应该是最讲温度的。科学既要探索微观世界的奥秘，解决各种科技创新的问题，也要关心老百姓生活的实际需要。这是科学技术包括大科学装置的责任和使命。正如陈院士所说："老百姓最关心的（是自己的生活），你做别的事情他们看不懂，你能把人的病治好，人家是最感激你的。"

散裂中子源同样被应用于医疗方面，而且是人们最关心的癌症方面。2012 年，散裂中子源团队就开始了这方面的探索。2020 年，中国科学院高能物理研究所依托散裂中子源装置，成功研发了我国首台 BNCT（加速器硼中子俘获治疗实验装置），未来有望为恶性肿瘤患者提供一种全新的癌症治疗手段。

通过使用BPA［（L）-4-二羟基硼基苯丙氨酸或硼苯丙氨酸］药物，让硼-10这种同位素依附在BPA上，而BPA能够专门去找癌细胞。使用BNCT的时候，中子和硼-10发生反应的概率非常大，这样产生的重离子能够走的距离是一个细胞的长度，正好能把癌细胞消灭。这种方法可以通过质子或重离子准确瞄准癌细胞，并且重离子在停下的时候会把绝大部分能量消耗在癌细胞处，对人体组织的损害比较小。

陈院士的目标就是将这种治疗机器装备到地市一级的医院，来治疗更多类型的癌症患者，这也是中国众多癌症患者的希望。

目前陈院士主要把精力集中于推动散裂中子源的二期工程，把它的功率进一步提高，增加5倍；把实验终端配齐，2028年有望配齐20台实验终端，那时我国就可以实现更全面的研究覆盖。

大科学装置，落户松山湖

陈和生认为，要优化中国大科学装置的布局，让中国大科学装置在珠三角地区发展。在广东省和中国科学院的促成下，散裂中子源项目最终确定在广东东莞立项。因此，松山湖获得国家批准，成为粤港澳大湾区综合性国家科学中心的先行启动区。

未来，在松山湖畔偶遇世界级科学家将变成可能。我国在这一地区成立了松山湖科学城，目前，这里已经成功吸引中国科学院物理研究所建了松山湖材料实验室，而大科学装置和大学合作的先进发展模式，也成功吸引了香港城市大学入驻东莞。

陈和生本来很担心，由于珠三角地区的市场经济，外面的诱惑较多。如果你是一个很能干的技术人员，周围的工厂可能会用高薪把你挖走。但是现在看来，这种情况很少发生。一方面，地方政府给了很多支持；另一方面，当今时代的年轻人秉持着正确的价值观，想为国家大科学装置做贡献。

在这期间也发生了一个小故事。2017年8月28日，陈和生团队首次打靶成功，得到了完全符合预期的结果。那天晚上，一些年轻的实验人员很高兴，于是在外面的餐馆吃饭庆祝。在吃饭的过程中，隔壁桌的食客听到他们实验成功了，就决定为这些就餐的实验人员买单。虽然这是一件小事，但陈和生感觉到了社会对国家科研团队的尊重，也意识到了散裂中子源对东莞的发展、对珠三角地区科技产业转型的意义。

人生三乐，做洒脱浪漫的科学家

陈院士的家里有一个月球车泥塑模型，这是他去高能物理研究所参加空间科学项目，做完报告以后收到的礼物。

他去印度开会，会带回玩偶，去俄罗斯也会带回套娃。每去一个地方，他都会带一个纪念品回家，摆放在家里的橱柜里。每到一个城市，他也会去那里的博物馆看看，这是他的爱好，也是属于科学家的浪漫与情怀。这便是他的"自寻欢乐"。

陈院士说,科学与艺术是相通的,很多科学家都和艺术家成为知己,为科学和艺术的结合做出了很多优秀的作品。

陈院士的家中满是充满温馨情意的纪念品,它们是他的人生,也是他的旅程。陈和生的夫人说,助人为乐、自寻欢乐、知足常乐,这"三乐"是她的座右铭,也是陈和生可以获得快乐人生的重要秘诀。

凝心聚力,实现高科技自立自强

对于团队的年轻人,陈院士一直持包容的态度。从担任高能物理研究所所长至今,他没有对人拍过桌子、发过脾气。他希望青年团队有凝聚力,因为大科学工程需要高度配合,每个人会被分配到各个专业组做大量的工作,绝对不允许相互扯皮和拆台。而在好的团队中,年轻人在各方面都能够很快地成长,尤其在技术上能够快速实现飞跃。大家团结协作,才能形成专业齐全、高水平的完整队伍。这便是他的"助人为乐"。

陈院士认为,中华民族伟大复兴需要高水平的科技治理,如果做不到,就会被人宰割。国外的风云变幻,他是很清楚的,所以我们需要国家政策的支持,科技人员要勇于奉献,把高水平的科技自立自强做起来,这是最关键的事情,否则就会受制于人。

坚定初心，坚守定力

陈和生对自己的评价是一个定力很强的人，不管对什么事情，都能有自己的判断与坚持，不被一时的风向和舆论左右。

陈和生在特殊时期也手不释卷，无论是在部队农场，还是在中学当教员，他都一直坚持学习。他觉得只有努力学习，在机遇出现的时候才抓得住。

在争议下回国，陈和生不确定自己能否为国家做出巨大贡献，但是他的目的一直非常明确。他认为中国的科学技术归根结底要靠中国人在自己的土地上奋斗才能实现，而他就是来为这件事情奋斗的。

所以不管是做BEPC二期项目，还是散裂中子源项目，陈和生始终没有动摇过。他觉得，如果相信科学，就应该排除各种障碍、努力去做，最后也都能够按期完成设计指标。

陈和生一直都认为，作为大国的中国，国家的发展肯定需要科学技术。而对于自己的选择，他始终无怨无悔，能够为国家的科技发展出力，是他最庆幸的事情。经过这么多年的风风雨雨，能够把事情做成，为国家做出贡献，也是他人生的意义所在。

他也希望年轻人能够拥有这种定力，要坚持自己的选择，同时要坚信这个选择能够开花结果。

少年强则中国强

因为工作的关系,陈和生院士跟三位华人诺贝尔奖获得者——丁肇中先生、李政道先生、杨振宁先生都有很密切的关系。

丁肇中先生是陈和生的导师,1979年在德国时,陈和生就是丁肇中实验室的成员之一,陈和生在1984年拿了博士学位以后回国,一直到2000年都在丁先生的领导下参加国际合作。丁先生对陈和生的科学生涯影响非常大,丁先生的自学精神、思维方法等都影响着陈和生。

1979年1月,第一期丁肇中训练班的全体成员合影,二排右三为陈和生

而陈和生觉得被三位先生影响最深的，是他们严谨的科学作风和无私奉献的科学精神。丁先生40岁就拿了诺贝尔奖，80多岁仍然在科学第一线奋斗。而李政道先生对中国高能物理非常支持，并且在陈和生最困难的时候给了他非常大的激励。直到现在，李先生每年年底都会亲手画祝福卡片送给陈和生，他会画蝴蝶，也会画玉兰，他的贺卡中有满满的对未来年轻人的期许。

陈和生说，在他做所长的时候，高能物理研究所一年的经费是8 000万元，现在一年的经费是35亿元，可见国家对科技的投入非常之大。科学成果也大大增加，说明年轻人成长起来了。陈和生认为，我们国家要想成为创新型国家，实现高水平的科技自立自强，关键是要有人，如果没有年轻人愿意去做科学技术方面的工作，都去学财经，学金融管理，做网络主播，做那些赚快钱的事情，那么国家的科技是发展不起来的。所以陈和生希望年轻人热爱国家，热爱科学，能够为科学技术奋斗。现在社会上有一种论调说，很多年轻人的价值取向被歪曲了。人在一生中，从幼儿园直到大学，总是被各种各样的价值观引导，如何教育引导年轻一代的成长，这是全世界共同面临的问题，哪怕是外国教授也在为他们国家的小孩整天打游戏发愁。新一代人的价值观需要正确的引导，要让年轻人，至少让一部分有志于中国科学技术的年轻人热爱科学，为中国的科学技术事业发展贡献力量，这样我们才能够真正地实现建立科技创新型国家的目标。

少年强则中国强，愿中国有更多有志青年投入科研，为国效力。

采访对话

把所知所学用在国家需要的地方

陈和生院士如今对年轻人的期望,其实也是他年轻时对自己的要求,那就是一定要把自己的所学所知用在国家需要的地方。即使在最艰难困顿的岁月里,他也一直保留着大学的笔记,坚持学习。

陈和生:我是1964年到北大,1972年就到沙市的一所中学教书,后来到武汉市自动化研究所(现武汉市工程科学技术研究院)研究计算机。1978年报考高能所(中国科学院高能物理研究所)的研究生,1979年被丁肇中教授录取。

王宁:丁肇中先生看重您哪点?

陈和生：因为我是学核物理出身的，我也懂计算机。另外，我想他主要看重工作能力、工作态度。1984年的时候，我拿了博士学位。

王宁：您从美国回来的时候，想过对国家会有怎样的贡献吗？

陈和生：那时候，谁也说不清楚。我回国的目的就是发展中国的科学技术，这样的目标归根结底要靠中国人在自己的土地上奋斗才能实现。我觉得我这个人应该说定力还是很强的。

王宁：您觉得科学家的定力是什么？

陈和生：我觉得就是你对问题有准确的判断，不被一时的舆论或风向左右，这就是定力。

在国际竞争中突围

1998年，陈和生被任命为中国科学院高能物理研究所所长。他意识到，已经运行了10年的北京正负电子对撞机面临着激烈的国际竞争。制定未来发展战略，成了他上任之后首先要推动的事。

王宁：这个控制室和您当时来到高能所看到的工作环境是一样的吗？

陈和生：当时可比这个简单多了。这个是我作为所长开始做BEPC二期工程的时候，我们改造的。BEPC一期取得了非常好的成绩，国际上就注意到了这个领域，他们也都准备到这个领域来和我们竞争，包括修建专门的加速器或者改造他们的加速器。

王宁：那时候我们有没有正面竞争的对手？

陈和生：后来美国康奈尔大学的加速器要来和我们竞争，他们说他们有"短平快"的方案，能够很快地达到我们花4年才能达到的水平，所以我们面临很大的压力。因为它的所长是国际权威，所以很多人都信他。面临这个竞争的时候，高能所内部思想动荡，受到的冲击比较大，觉得我们必死无疑。

王宁：也就是说，在您的团队里，也有一些人"迷信"他？

陈和生：对。

王宁：咱们做了多久才把它做成？

陈和生：我们是用了5年完成的。后来我们发现，美国的方案根本实现不了，我们的亮度比它高了十几倍，所以我们这个机器做好，美国政府就把他们的给关了，他们做实验的科学家就转到我们这边，参加我们的实验工作。因为他们的实验基地被政府封了，没有竞争力了。

粒子物理实验的竞争，只有第一，没有第二。2008年，在陈院士的带领下，北京正负电子对撞机重大改造工程顺利完成了。由此中国保持了在这个领域的国际领先地位。

王宁：国外科学家们来到中国，用咱们的对撞机做实验，这会改变什么？

陈和生：我们（在 20 世纪）80 年代出去，都是去参加别人的实验，在人家那儿学习，现在是以我们为主，这个 BEPC 的实验，还有大亚湾的中微子实验，我们都是主人，我想这对于（提高）我们国家科学的国际地位是非常重要的。

潜心钻研 18 年

王宁：真没有想到，高铁的安全性能会跟散裂中子源有关系，这怎么就能联系上呢？

陈和生：大家知道，一个人累了会疲劳，那么高铁的轮子累了同样会疲劳，疲劳的后果很严重。20 多年前，德国的高铁 Inter City Express 就出过一次事故，轮子金属疲劳，好多节车厢飞出去，死了一百多人。

王宁：一般会有什么周期设定或者预测手段？

陈和生：我们可以用中子散射来看看，刚造好的轮子，跑了一万公里、六万公里、十万公里，它里头层与层之间原子结构有没有发生变化，有没有位移。这个位移大了，将来就会断裂。20 年前你坐火车，到了一个大站停 20 分钟，然后有一位工人师傅拿着榔头，一个个轮子去敲，听它有没有裂纹的声音。但是现在你看高铁到一个站停车最多 5 分钟，所以不可能有机会敲打每一个轮子去检查，那么这个就必须用现代的手段（解决）。更重要的是，我要研究它的规律，这个轮子到底能跑多少万公里，跑完它的安全寿命，我就得把它换下来，而不能说小车不倒只管推，这个对于高铁是绝对不行的。

采访到这儿，我已经开始感受到散裂中子源的力量了。过去我们是用肉眼观察世界的，随着科学的发展，如今我们可以通过中子散射观察物质的微观结构，而散裂中子源就是通过质子加速器打靶产生散裂中子的装置。它是我国开展前沿学科和高新技术研究的先进大型实验平台，为相关的科学技术和科研机构的研究在国际上占有一席之地提供了利器。

陈院士告诉我，无论是高铁的车轮还是飞机的发动机，都有可能出现金属疲劳，这和千万人的生命安全息息相关。现在科学家们可以通过散裂中子源来测量金属疲劳的程度。

王宁： 散裂中子源是个平台，但如果高铁的安全部门说，我们想检测一下，那么是都要拿到您的平台上检测吗？

陈和生： 有多种检测方式，但是现在最科学的、最关键的检测方式，还是在散裂中子源的平台上做。实际上，要检测的不仅是车轮，还有转向架、车轴、轴承、轮毂、轮辋，以及轮子和铁轨的耦合部位。所以我们说散裂中子源是国之重器。这只是一个例子，其他的例子非常之多。

王宁： 您觉得大国制造的核心是什么？

陈和生： 科学平台的支撑，能够为它提供最先进的测试手段，这样你才能够真正有大国制造。

如果我们国家没有自己的散裂中子源作为平台,很多前沿科学技术的研究就将难以展开,这是在采访过程当中陈院士跟我说得最多的一句话。2011年,中国散裂中子源装置在广东东莞举行了奠基仪式,这是世界第四台同类装置,也是发展中国家建设的第一台。因为新冠肺炎疫情,我们没有办法前往东莞,不过在中国科学院高能物理研究所里,有一个散裂中子源实验平台的沙盘,陈院士带我来到了这里。

王宁:看到这个沙盘,会不会有人觉得,要是按照中国基建的水平,建成应该很快?

陈和生:不是,我们真正土建动工是2012年5月。在那之前是立项的过程,很复杂,因为要审批、要设计审查,我们土建建设的过程花了六年半,这个比国外的都快。

经过六年半的建设,2018年,散裂中子源通过了国家验收,现在它已经帮助科学家们完成课题超过600项。从立项到最终完成,陈院士投入了整整18年的时间。

决定自己做锂电池研究

在高能物理学家的眼中,物质是由质子、中子这样的微观粒子组成的。而散裂中子源更像是一个超级显微镜，帮助我们揭开微观世界的秘密。为了让我能够更直观地了解这一点，陈院士又给我举了一个新能源车电池的例子。

王宁：如果没有散裂中子源，这个性能难道就测不出来吗？

陈和生：你至少很难把宏观和微观联系起来。宏观的就是你看见电池充电能力下降了，大家都知道用了一阵儿，电池（容量）下降了或者充电变慢了。我就看看到底充电变慢是什么原因，内部的化学机制发生了什么变化。还有一个非常要命的问题就是出现锂电池爆炸。为什么爆炸？我用中子散射可以看看在什么样的条件下会有可燃气体产生，我怎么避免。更迫切的是，现在电动自行车电池燃烧，是一个需要很好地去解决的问题。

王宁：您从什么时候开始有这样的想法，要专门针对锂电池做研究？

陈和生：五六年前就有这个想法，因为日本的效果非常好，但是这次日本不让参观，我到日本散裂中子源平台去，所有的实验站都可以参观，就这个他说不能进去参观，因为我们是竞争对手。

王宁：您当时是怎么回应的？

陈和生：我只能笑笑而已，不能说什么，但是我们回来决定自己做。

让更多癌症患者受益

陈院士告诉我,现在有来自国内外的一百多个科研团队在散裂中子源开展前沿研究,他自己也参与其中。最让他兴奋的就是现在他们开展的加速器硼中子俘获治疗实验。虽然这个名字听上去有些拗口,但是它真的可能会为一些癌症患者的治疗带去光芒。

陈和生:我们就是要找到一种新型的,叫作二元的精准治疗方法。我用靶向药物让硼-10依附癌细胞,关键是我们要找一种靶向药物,就是BPA这种药物,而这个BPA能够专门去找那些癌细胞,所以等我拿中子照的时候,会产生重离子。

王宁:重离子能抵达的病患处是多远?

陈和生:在人体里头能够走的距离就是一个细胞的长度,就是因为它走不远,这样它正好把肿瘤细胞给灭了。

对于一些肿瘤患者来说,放疗是重要的辅助治疗,而正在研究的硼中子俘获疗法对此有了很大的突破。2020年8月,中国科学院高能物理研究所依托散裂中子源的装置,成功研发了我国第一台加速器硼中子俘获治疗实验装置,为精确的二元治疗癌症的先进方法在我国尽快进入临床试验和临床治疗奠定了基础,未来有望为肿瘤患者提供一种全新的癌症治疗手段。

王宁：它能准确到只杀死癌细胞，不会杀死别的好细胞？

陈和生：不会伤害附近正常的细胞，因为正常的细胞没有被同位素依附。谁被这个同位素依附了，它就把谁给灭了。

王宁：这有别于普通的放化疗吗？

陈和生：对，它主要的好处就是副作用小，然后便宜。它还有一个优点，是可以治疗弥散，就是治疗扩散的癌或者弥散的癌，这是最大的好处。

王宁：甚至扩散到什么样的器官也都没关系吗？

陈和生：都没关系。我举个例子，比如说肝癌，肝癌扩散，但肝癌的细胞不管在哪儿，它的性质都是没有变化的，所以只要能够被硼–10同位素依附，它的周围就都可以照射。所以这是一个很有希望的方法，但是现在还在研究过程当中。

让更多的癌症患者受益，是陈院士现在最迫切的愿望。都说科学有温度，这可能就是科学最重要的温度，让我们每个人都能感受到，我们的生命、我们的生活都跟它相关。

陈和生：我觉得，研究科学，你既要去探索微观世界的奥秘，也要关心老百姓最迫切的健康问题。

王宁：什么时候老百姓能用上它？

陈和生：我们希望今年年底能够开始做临床试验，试验以后可能半年到一年能够拿到国家相关部门的许可，然后就可以用于临床治疗了。开始的时候能够治疗癌症的种类少一些，随着药物研究的发展，可以治疗更多类型的癌症患者。

平淡日子中的"人生三乐"

陈院士在外奔波多年，即使到现在，如果不是新冠肺炎疫情，他也有一半的时间依然是在广东东莞工作。他嘴上说不牵挂，行为自有表达。每次出差到一个地方，他都会买回当地的纪念品送给自己的老伴儿。如今，这些带着陈院士的歉意和心意的物件儿，已经放满了家里的各个地方。

王宁：跟阿姨红过脸吗？

陈和生：没有没有。

陈纪兰：我给你看看这一对布偶，做的就是我们两个人。这个玩偶一眼看到就是他，特别是眼镜、鼻子，他的鼻子特别大。

王宁：而且您看它是抿着嘴的，我也注意到陈院士有一个特点，他在思考问题时都是抿着嘴的，特别严肃。陈院士，您在家做过饭吗？

陈和生：没人做的时候我做。

陈纪兰：没人洗碗的时候，他才洗。呵呵，这就是他。

王宁：所以只要阿姨在，家里所有事都是阿姨的是吧？但是我感觉阿姨挺幸福的，挺快乐的。

陈纪兰：我这个叫作什么呢？

陈和生：自娱自乐。

陈纪兰：自寻欢乐、知足常乐、助人为乐，这就是我的座右铭，所以我就这样平平淡淡地过口了。

对年轻人的引导与尊重

王宁：您团队里的年轻人多不多？

陈和生：很多，都是我们在当地招的，他们的户口、社保都在当地。

王宁：归属感对年轻人来说特别重要。

陈和生：对。最近我们把散裂中子源的功率比设计指标提高了25%，然后今年秋天会提高50%，这个完全是我们在技术上不断地改进，也表明这些年轻人成长得很快，能够胜任自己的工作。

王宁：要想事业干得好，首要的是爱上它？

陈和生：对。有一个小故事，2017年我们成功地实现打靶的那天晚上，一些年轻人很高兴，在外面的餐馆吃饭，结果隔壁桌的一个人说，你们是搞散裂中子源的，你们今天打靶成功了，我把你们今天吃饭的单买了。这是件小事，但是能感觉到社会对这样一个团队的尊重。

王宁：您怎么眼圈有点儿红了？

陈和生：我从2006年跟东莞的人打交道，我觉得他们对我们非常支持，非常尊重，如果没有他们的支持，我们是做不好的。赶上了发展的机遇，应该说是很难得的，我不是靠拍桌子骂人或者训人来达成的，我觉得就是通过对年轻人的引导，对他的价值观的引导，让他看到自己发展的机遇，让他看到对国家发展的贡献。

几代人的历史使命

王宁：您好像特别重视，科研队伍里一定得有年轻人，而且您觉得年轻人不仅大有可为，还得大有作为。

陈和生：首先，我们国家要想实现建立创新型国家的目标，要想实现高水平的科技自立自强，关键是要有人，如果没有年轻人愿意去做科学技术方面的工作，我想这个国家的科技是发展不起来的。

王宁：您同事说您最气愤年轻人追星？

陈和生：对，社会需要有正确的引导，让年轻人，至少让一部分有志于中国科学技术的年轻人热爱科学，有机会为中国的科学技术事业贡献自己的力量。

王宁：您能有这些感悟，和您跟随获诺贝尔物理学奖的李政道先生学习有关系吗？

陈和生：我做高能所的所长以后，跟李政道先生也接触得非常多。在我们最困难的时候，他讲的那些话对我们是非常大的

陈老与我边走边聊，讲述他对年轻人的期望

激励。还有丁肇中先生、杨振宁先生，他们的关切也是我的动力所在。

王宁：这些科学家在您的精神追求里打下的烙印是什么？

陈和生：他们严谨的科学作风、献身科学的精神，我觉得是对我影响非常大的。要实现中华民族伟大复兴，关键之一是要实现高水平的科技自立自强，这是我们几代人的历史使命。

采访手记

初心如磐

庄子《在宥》云："夫有土者，有大物也。有大物者，不可以物；物而不物，故能物物。"很多人将其理解为如果一个人有能力与才华，却不恃才放旷，也不被才华奴役，就如同拥有万物而超越万物，拥有某些能力，又不沾沾自喜，才可以持久下去。这是对做人的忠告。如此，才能拥有"世路如今已惯，此心到处悠然"的从容与坚定。

陈和生院士高大魁梧，有一副运动健将的身材。我好奇地问他："年轻时，您篮球应该打得不错吧？"他的回答出人意料："我打不了篮球，这种对抗性的运动我做不来。"之后的采访过程中，我一直感受着他不紧不慢的淡定风格。保持平和，是他和内心相处的方式；他的故事，却是在披荆斩棘中才落地生根并长成参天大树的。

在微观世界的探索中，正负电子对撞机是科学家研究的核心竞争力。BEPC二期工程就是陈院士主持的。他告诉我，这个项目曾经面临激烈的竞争，他们的对手是国际一流的康奈尔大学团队。在5年的时间里，他把压力变成上了弦的动力，使其亮度比对手的高了十几倍，当时的美国政府因此不得已关闭了康奈尔大学的对撞机。由此，中国在这个领域率先起跑。回忆往事，陈和生不禁感慨：自然科学的探索就如同登山竞赛，只有第一，没有第二。如果不能在竞争中咬紧牙关、奋力拼搏，我们就会瞬间落后，失去继续探索的机会和价值。

作为一个走在世界前沿的物理学家，陈和生经历了很多国际竞争异常激烈的时刻。他记得，曾经有一位美国专家到高能物理研究所访问，被要求只能提出问题，但是面对中国学者的提问不能回答，否则回国之后就会被罚巨款。而去日本的散裂中子源考察时，在重要的应用场景，中国学者都会被"礼貌"地请出去。

正是有了这些被陈院士称为"刺激"的积累，作为总指挥，他最终带领团队建成了我国目前单项最大的大科学装置——中国散裂中子源。这个微观物质世界的"超级显微镜"能从原子结构变化的细微层面预判安全隐患，是测试各种机器的重要平台。

在准备采访内容的时候，我认真地翻看这位粒子物理学家的研究过程，但是仍然无法全面弄清楚，这台凝聚着陈院士心血的大科学装置究竟如何应用，又意味着什么。散裂中子源，这台能在比较小的体积里产生比较大的中子通量的装置，有着怎样的突破？

在采访中，我们跟拍了陈院士出席的一场会议。在这场会议中，陈院士与我国钢铁研究总院的研究员一起探讨，如何利用散裂中子源设备解决金属疲劳检测的问题，由此让我国的高铁运行更加安全。紧接着，在实验室里，陈院士向我介绍了他在散裂中子源建成后参与的一项硼中子俘获实验，这个实验未来有望改善癌症患者化疗的效果。让粒子物理学的研究造福人类实实在在的生活，这是他心底最坚定的理想。这个理想让一切科学研究都有了温度，有了历久弥新的精神动力。

陈老与我在多功能教室观看关于新型癌症治疗技术介绍的视频

散裂中子源的建造过程十分艰辛，其间，陈院士因为劳累接受了心脏手术，但没有时间过多休息，继续奔波于北京与东莞的工地之间。被问及这些，他并不愿意多说。涉及自己的事情，他总是很巧妙地回避，他说，还是多说说团队吧，他们是可敬的。

疾风知劲草，烈火见真金。对科学事业的无限追求，需要强大的定力。这是陈院士在采访中反复提及的话。这让我想到了他的中学时代。因为爱因斯坦的《物理学的进化》，年少的他对物理学"一见倾心"。后来，他以湖北省高考物理状元的身份考入北京大学核物理专业。当时的选择出于爱好，更源于国家的需要。至今，他仍然保存着大学期间做课堂笔记的笔记本，在我眼里如天书般的演算过程，字迹齐齐整整、刚劲有力。从北大毕业之后，基于特殊历史原因，他没有继续从事物理研究。即便在动荡的时期，他也依然坚定自己的方向，每天抱着书本不放，始终坚持自学。

在陈院士的家里，我看到了李政道先生寄给他的贺卡。贺卡上手绘的图画源自李政道先生多年的习惯，无论是花团锦簇，还是瓜果梨桃，每一张贺卡都寄托着对新一年的祝福和盼望。见画如面，这些贺卡被陈院士保存得如同刚收到时一般崭新，仿佛岁月永久定格在他们的书写绘画之间。

情深悠远，初心如磐。当年，正是在李政道先生的推动下，中美高能物理领域开启合作，陈和生才有机会前往美国深造。作为改革开放后第一批走向世界、拥抱世界的科学家之一，他在美国麻省理工学院获得博士学位,一起求学的学生似乎都面临着一个人生抉择:是留在技术进步的美国,还是回国?这个问题,陈和生觉得根本不算问题,因为他的心里从来只有一个选项。回到祖国,进入中国科学院高能物理研究所,陈和生成为我国第一位博士后。

在采访中,陈院士时常会谈起身边的年轻人,他鼓励年轻人坚持自己的选择,坚信这个选择一定能够开花结果。这让我忍不住问:"一个科学家的定力到底是什么?"对此,陈院士的回答是:"对问题有准确的判断,不被一时的舆论或风向左右。"这个回答并不高深,要认真实践却绝非易事。

每一次《吾家吾国》拍摄结束,我们都会请老人家写下一句最能表达他们的精神世界,也是他们最珍视的人生箴言。翻开留言本,提起笔,陈和生院士却反复琢磨、思考再三。最终,他写下了"高筑神州风雨楼"这句诗。

"壮别天涯未许愁,尽将离恨付东流。何当痛饮黄龙府,高筑神州风雨楼。"这首出自李大钊先生之手的诗歌里,藏着100年来中国人最大的心结和最深的意志。此时,我理解了陈和生院士所说的定力来自何处,又将奔向何方。为国家的强大,为中国高水平的科技自立自强而不懈追求,陈和生院士砌起了属于自己的那块砖。

——寄语——

高筑神卅风雨楼

陈和生
2022.3.16

吾家吾国　/ 陈和生